크리스천으로 당당하게 살아가기

하나님이 사랑하는 증언자의 삶

Testimony
Talking ourselves into being christian

Copyright © 2004 by Thomas G. Long. All rights reserved.
Korean Translation Copyright © 2007 by Daily Bread Publishing

Published by Jossy-Bass
A Wiley Imprint
San Francisco, CA 94103-1741

이 책의 한국어판 저작권은 Jossy-Bass와의 독점계약으로 도서출판 일용할양식에 있습니다.
저작권법에 의하여 한국 내에서 보호를 받는 저작물이므로 무단전재와 무단복제를 금합니다.

하나님이 사랑하는 증언자의 삶

크리스천으로 당당하게 살아가기

토머스 G. 롱 지음 | 이정아 옮김

일용할양식
Daily Bread Publishing

| 차례 |

편집자 서문 · 6

인사말 · 9

1부

신실한 말하기에 대한 열망

- 그리스도인이기를 다짐하기 · 14
- 증인을 만나고 싶어요 · 39
- 주일 용어들 · 62

C O N T E N T S

2부

말하며 보내는 하루

- 새벽의 빛 · 96
- 걸음을 걷고, 말을 하고 · 124
- 점심을 같이 하며 나누는 대화 · 153
- 저녁 뉴스 · 181
- 비밀을 아뢰고 잠자리 기도를 드리며 · 200

마치는 말 · 221

| 편집자 서문 |

대화는 시시하다. 또는 그렇다고들 말한다. 일상생활의 대화를 보면 쉽게 수긍이 갈 것이다. 우리는 거대한 대화의 바다에 빠져 살고 있다. 그러나 경제적 측면에서 보면 말의 홍수가 항상 시시하다고 할 수는 없다. 왜냐하면 광고에 쏟아 부어진 말 대부분이 경제적 효과를 내기 때문이다. 하지만 말이 흔해지면서 아주 중요한 것들의 가치가 떨어지기도 한다. 사랑, 분노, 용서, 약속 등 사람들이 서로 이야기를 나누고 싶어하는 것의 대부분은 값으로 매길 수도 없거니와 종종 말로는 표현되지 않는 것이다. 그런데도 우리는 세상을 설명하고 서로를 연결하기 위해 말을 사용해서 이야기를 나눈다. 동시에 우리에게 꼭 필요한 대화를 하면서 큰 희생을 치르기도 한다. 가끔, 올바른 말이 선물처럼 우리의 입술에서 나오거나 귀에 와 닿을 때가 있어 놀라기도 한다.

《크리스천으로 당당하게 살아가기》에서 토머스 롱은 가장 문제시되는 부분의 말하는 방법에 대해 이야기한다. 저자는 일상생활을 하면서 가정이나 직장, 공공장소에서 하나님에 대해 어떻게 신실하게 말할 것인지를 두루 생각하게 한다. 다양한 신앙을 가진 사람들이나 신앙이 없는 사람들과 함께 살아가는 사회에서 그런 대화는 어려워 보이기도 하고 심지어는 위험하게 보인다. 특히 하나님에 대해 아주 목청을 높여서 말하는 사람은 주변의 동료를 멸시하는 듯한 인상을 주기도 한다. 많은 그리스도인들이 거만을 떨지 않고, 곤혹스럽지 않게 하나님을 이야기하는 것이 과연 가능할까 궁금해 한다.

토머스 롱은 현대의 사회적·문화적 환경 속에서 신앙에 대해 말한다는 것이 복잡하다는 것을 솔직하게 인정한다. 그러나 이 복잡성 때문에 정직한 증언에 대한 탐색을 멈출 수는 없다. 기독교 사회가 시대를 거쳐 오면서 만들어놓은 예배와 일상의 방식들에는 시시한 대화가 넘치는 현대의 문화에 대응할 수 있는 많은 지혜가 담겨 있다. 롱은 그리스도인이 증언(하나님에 대해 이야기하는 것)할 때, 비판적이면서도 따뜻한 주의를 기울이면 우리가 살고 있는 일상생활에서 성실하게 하나님을 이야기할 수 있다고 가르쳐준다. 뿐만 아니라 성실하게 말하는 것이 성실하게 사는 중요한 한 방법이 됨을 가르쳐준다.

아우구스티누스는 세상에서 우리의 삶을 인도하시는 하나님에 대해 어떻게 말을 할까를 깊이 생각한 통찰력 깊은 그리스도인들 중 하나이다. 그가 그리스도인이 되고, 주교 자리에 오르기 전에는, 로마 시민들에게 설득력 있는 연설기법을 가르치며 먹고 살았다. 아우구스티누스는 4세기의 어린이들이 말하는 법을 배우는 모습을 지켜보면서 말이 인간을 공동 사회의 일원이 되게 해주는 "의미를 담은 귀중한 컵"이라고 했다. 그렇지만 그는 경험을 통해 말이 권세를 부리려는 사람들의 입에서 나올 때는 "흉기"가 될 수 있다는 것도 깨달았다.

토머스 롱도 상황은 다르지만 다른 사람들에게 설득력 있게 말하는 법을 가르친다. 신학교의 교수로서 기독교 목회자들이 명료하고 활기차고 은혜로운 말을 찾아 세상의 삶 속에서 활동하시는 하나님의 존재를 신자들에게 들려줄 수 있게 도와준다. 그러면서 교회사 아닌 사무실, 가게, 침실, 야구장 등 대화가 이루어지는 모든 장소에서 하나님을 증언하고자 하는 모든 그리스도인들에게 가르침을 준다.

이 모든 환경에서 사람들은 "의미를 담은 귀중한 컵"을 공유하기를 청하는 하나님에 대한 말하기, 흉기가 되지 않는 하나님에 대한 말하기를 갈망한다. 이 책이 그런 갈망에 응답이 될 것이다.

편집인 도로시 C. 배스(Dorothy C. Bass)

| 인사말 |

작가 벤 치버(Ben Cheever)는 책에 붙는 인사말에는 최소 두 가지 잘못이 있다고 했다. 첫째는 인사말에 은근히 오만이 스며 있는 경우로 인사말 그 자체로 뭔가 근사한 것을 이룬 것처럼 보인다는 것이다. 둘째는 인사말이 하나같이 모두 너무 기분 좋은 말 일색인 경우이다. 치버는 이렇게 불평한다.

"모든 여자들은 자신의 남편들에게 고마워하고, 모든 작가들은 자신의 출판인에게 고마워한다. 인사말에 언급된 아이들은 천재 부모에게 방해되지 않게 까치발로 다닌 것처럼 보인다. 무슨 사람들이 이렇단 말인가? 인사말을 읽다 보면 번번이 거짓말을 듣고 있다는 인상을 받는다."

그것도 부족하다는 듯이 비평가 데이비드 오쉰스키(David Oshinsky)는 셋째를 덧붙인다. 대부분의 인사말이 너무나 많은 이름들을 나열한다는 것이다. 그는 인사말에 열거된 사람들의 반이라도 그 책을 산다면 모든 책은 베스트셀러가 될 것이라고 비꼬았다.

지금 나도 인사말을 쓰지만, 다행스럽게도 인사말의 오만에 대해 충분히 변호할 수 있다. 이 책에 있는 대부분의 생각들과 모든 좋은 것들은 다른 사람들에게서 빌려온 것들이다. 그러니 나는 그들에게 빚을 졌다. 과도한 성원이니 너무나 많은 이름을 적었으니 하는 비난에 대해선 독자들이 판단해야 할 것이다. 실제로 난 이 책을 쓰는 동안 필요했던 격려와 후원을 해준 많은 이들에게 깊은 감사를 드린다.

나는 스승이자 훌륭한 설교자인 에드먼드 쉬타임(Edmund Steimle) 교수가 해준 설교에 대한 강의를 잊지 못한다. 강의실 가득 모인 목회자들을 마주한 쉬타임 교수는 목회자 대부분이 자신들을 재치 넘치고 숙달된 설교자라고 자부한다면서 호통을 쳤다.

"좋은 설교는 설교자가 예쁜 리본을 달아 아름답게 포장한 상품이 아니에요. 좋은 설교는 설교자가 깊은 물 속에 들어갔을 때 물 표면으로 올라오는 공기방울 같은 것입니다."

그리스도인의 증언이라는, 앞도 분간할 수 없게 흐릿한 물 속으로 뛰어든 나는 내가 깊은 물 속에 있다는 것을 안다. 또한 내 능력보다 과분하게 지내온 것을 잘 알고 있다. 단지 바라는 바는 여러분이 이 책에서 내가 뛰어든 물 속에서 올라오는 공기방울들을 잘 볼 수 있게 되는 것이다. 그리고 나를 물로 뛰어들도록 밀어준 사람들에게 감사를 드리고 싶다.

도로시 배스는 대단한 친구이자 지성적인 동료로서, 그의 훌륭한 신학적 감각과 언어 습관에 대한 폭넓은 지식은 나의 생각에 큰 틀을 만들어주었고, 이 원고를 쓰는 데 꼭 필요한 지원을 아끼지 않았다.

  편집자 쉬릴 풀러턴(Sheryl Fullerton)은 작업에 좋은 방향 제시를 해주었다. 아끼는 친구 크레이그 다이크스트라(Craig Dykstra)는 욕심 없이 자신의 생각을 나누어주고 그것이 이 책에 반영될 때마다 기뻐해주었다. 각주를 찾아준 연구 조교 알렉스 트레이시(Alex Tracy)에게 이 글을 손질해준 것뿐만 아니라 훌륭한 제안을 많이 해준 것에 감사를 드린다.

  끝으로 우리가 함께 하는 삶이 기쁘도록 만든 나의 진정한 반려자, 아내 킴의 모든 수고에 대해 깊은 감사를 표한다.

지은이 토머스 G. 롱(Thomas G. Long)

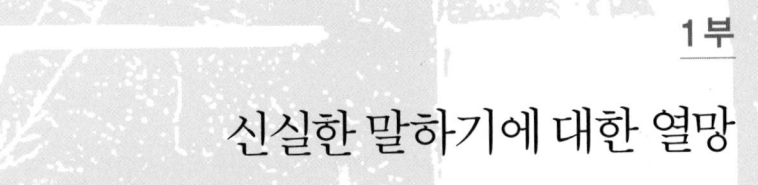

1부
신실한 말하기에 대한 열망

그리스도인이기를 다짐하기

한 뉴욕의 그리스도인이 씁쓸한 마음을 이렇게 적어놓았다.
"이 도시 사교계의 정찬 파티에서는 어떤 것이든 화제가 될 수 있다. 정치, 섹스, 돈 등 하고 싶은 것은 어떤 것이든 이야기할 수 있다. 그러나 하나님을 한 번 이상 언급하면 다음 번 파티에는 초대받지 못하게 될 것이다."

이 책은 중요하지만 불편할 가능성이 있는 화제, 즉 평범한 그리스도인들이 교회 밖에서 어떻게 하나님과 신앙을 이야기할 것인가에 관한 책이다. 즉 가족들과 직장에서 사람들과 이야기할 때, 친구들과의 친목 모임 등에서 우리의 신앙을 어떻게 표현할 것인가에 대한 책이다. 교회 밖에서 하나님을 말한다는 것은 많은 그리스도인들을 난처하게 만들기 때문에 불편해질 수 있는 화제다. 깊이 들여다보면 신앙은 우리 생활 전반에 밀접한 관계가 있다. 신앙은 사람들과의 관계, 정치, 돈을 쓰는 방법, 시간을 이용하는 방법에도 영향을 미친다. 신앙이 우리의 일상 대화에서 드러나지 않는 것이 도리어 이상할 정도이다. 그러면서도 하나님과 종교는 섹스나 돈처럼 다루기 힘든 주제이며 공공연히 신앙을 말하면 상대방의 기분을 상하게 하거나 상대방이 꺼리게 될 위험이 따른다는 것도 모두들 알고 있다. 자신의 신앙을 기탄없이 말하다가 "예수쟁이"로 낙인이 찍히거나 자신이 속한 단체에 요주의 인물로 올라가고 싶은 사람은 없을 것이다.

신앙이 은밀하게 개인적으로만 다룰 문제가 아니라는 것을 알면서도, 많은 신자들이 신앙을 비공식적인 자기만의 영역에 두고 싶어하는 것은 어찌 보면 당연한 일이다. 하나님에 대한 대화 없이도 하루를 잘 지낼 수 있으니 말이다. 신앙을 따지지 않고도 축구팀을 가르칠 수 있고, 합법적인 선서 증언을 할 수 있고, 이웃과 잡담을 나눌 수 있고, 수학 수업을 할 수 있고, 노숙자 쉼터에서 자원봉사를 할 수 있고, 판매 전화를 걸 수도 있다. 그러니 왜 신앙을 화제로 삼아 누군가의 눈총을 받아 난처해지고 싶겠는가? 그러나 우리는 우리가 바로 그 말을 해야 하는 사람들이고, 해야 할 말이 무엇인지 알게 되리라는 확신조차 못하고 있는 것이 현실이다.

리나 윌리엄스(Lynna Williams)의 재미있고 감동적인 단편소설 《개인의 증언(Personal Testimony)》을 보면, 남부침례교회 여름캠프에 참석한 열두 살짜리 목사 딸이 '예수님을 위한 대작(代作) 서비스'를 만들어 참석자들 본인들이 써야 할 회개와 회심의 증언을 대신 써주고, 수백 달러를 번다. 이 소설은 사람들 앞에서 신앙을 말로 나타낼 재주가 없다고 생각하는 그리스도인들, 그래서 그것을 대신 해줄 누군가 다른 사람이 필요하다고 생각하는 수많은 그리스도인들의 불안감을 비웃고 있다. 그런 것은 전문적인 연사인 설교자나 복음전도자의 일이라고 여기는 것이다. 에드거 게스트(Edgar Guest)의 시 '설교는 언제고 듣는 것보다는 오히려 보는 것이 좋다.'를 인용한다든지 혹은 코미디언 플립 윌슨(Flip Wilson)이 종교적 선호도에 대한 질문에 대답한 말, "나는 여호와의 구경꾼입니다. 내가 '여호와의 증인'이 되기를 원하는 사람들도 있지만 난 말려들고 싶지 않아요."를 인용하며 과묵함이 최선이라고 믿고 있다.

🔸 진리 말하기

이 책은 일상생활의 현장에서 우리가 신앙을 말로 나타내는 것에 대한 책이다. 하지만 혹자들이 말하는 '개인적 증언'이나 '복음전도'의 기술에 대한 책은 아니라는 것을 미리 짚고 넘어가고 싶다. 그런 주제를 다룬 책들은 많이 있다. 또한 그 책들은 그리스도인이 신앙을 공적으로 말하고 싶어하는 유일한 이유가 기본적으로 다른 사람들을 회심시키기 위해서라거나 전도하기 위해서라고 가정을 한다. 그러나 복음전도가 그리스도인들이 신앙을 말하는 유일한 이유는 아니며 본질적인 이유도 아니다. **근본적으로, 그리스도인들은 진리**

를 말하는 것이 진실로 인간다운 행위이기 때문에 신앙을 이야기하는 것이다.

오래된 추문이나 권력에 의해 묻힌 사건처럼 오랫동안 감춰졌던 이야기들이 잊어버릴 만하면 신문 1면에 등장한다. 그리고 "그 이야기는 알려져야 했다. 말할 수밖에 없었다."라는 누군가의 말이 반드시 인용된다. 마치 우리 안에 진실을 말하려는 욕구, 있는 그대로의 이야기를 드러내려는 본능적 욕구가 있는 것 같다. 인간은 큰 거짓말이나 상처를 주는 거짓말, 세련된 거짓말이나 비열한 거짓말 따위를 매일 한다. 하지만 한 꺼풀 벗겨보면 거짓말에는 끊임없는 불안이 함께 한다. 거짓말도 종종 필요하다거나 거짓말 덕분에 곤란에서 벗어날 수 있으니 거짓말도 어쨌든 삶을 더 낫게 해준다고 말하지만 속으로는 있는 그대로의 진실을, 유일한 진실을 말하고 싶어한다. 그것이 인간다운 일이기 때문이다.

그리스도인은 하나님을 말하지 않고는 진리를, 온전한 진리를, 유일한 진리를 말할 수 없다고 믿는다. 그리고 진리를 말할 수 없다면 인간으로서 온전히 살아있는 것이 아니라고 생각한다. 해질 무렵, 하늘을 여러 색깔로 물들이며 지고 있는 태양을 바라보며 호숫가에 서 있다고 하자. 어떤 사람들은 그런 일몰이 빛의 굴절과 대기 중 먼지의 산물이라고 할 것이다. 물론 맞는 말이나 완전한 진리는 아니다. 다른 사람들은 이 일몰에 대해 지속 시간, 색채 스펙트럼, 농도 등의 다양한 사실들을 내놓을 것이다. 하지만 이것도 여전히 완전한 진리는 아니다. 호숫가에 충분히 머물면서 바로 눈앞에서 펼쳐지는 유쾌한 창조의 아름다움을 지켜본다면 누군가 "하늘이 하나님의 영광을 선포한다."와 같은 말을 할 것이다. 왜 그런 말을 하겠는가? 인간은 결국 완전한 진리를 말하고 싶어하기 때문이다.

음악이 불법인 사회를 상상해보자. 이런 사회에서는 노래를 부르는 것, 음악을 듣는 것, 음악가에게 은신처를 제공하는 것, 심지어는 노랫말을 인용하는 것도 법을 어기는 일이 될 것이다. 그러나 그런 사회는 얼마 못 가서 변혁이 일어날 것이다. 음악을 금지하는 법은 단순히 달갑지 않은 염증 정도가 아닐 것이기 때문이다. 즉 정신적인 폭행일 것이고 인간의 영혼에 폭력을 가하는 범죄일 것이기 때문이다. 인간은 음악을 그저 즐기는 것이 아니다. 음악은 인간답기 위해 필요하며, 음악을 누릴 수 없으면 완전한 인간일 수가 없다. 같은 원리로, 그리스도인들은 삶의 진리, 하나님의 진리에 근거한 진실을 말하지 않고는 완전한 인간일 수 없음을 알고 있다. 선원이 바다를 말하지 않으면 안 되듯이, 이미 그리스도인일지라도 여전히 하나님에 대해 말해야 한다. 진실하기 위해서, 완전하기 위해서, 삶이 충만하기 위해서 하나님을 말하지 않으면 안 되는 것이다.

그리스도인은 신앙에 대해 입을 열려면 이미 믿음의 체계가 완전히 있어야 한다고 생각한다. 또한 신앙을 말할 때 직관적으로 이미 알고 있고 믿고 있는 것을 말로 표현하는 것이라고 생각한다. 믿음을 공식처럼 만들어 이미 정돈되고 확립된 것을 담을 수 있는 정확한 말을 찾는다. 그러나 실제로는 이보다 더 복잡하다. 우리는 그저 이미 믿는 것을 말하는 것이 아니다. 반대로, 소리를 내어서 말하는 것이 믿게 되는 방법이 되기도 한다. 우리는 주저하는 의심에서 벗어나 더 견고해진 믿음, 더욱 충분하고 확실하고 깊은 믿음, 그런 믿음을 향해 가는 우리의 방법을 말한다.

예를 들어, 연인이 자연스럽게 서로에게 사랑을 고백한다. 두 사람이 서로 사랑을 속삭일 때는 그저 사랑을 표현하는 것이 아니다. 두 사람은 자신들의 사랑을 발견하고 있는 것이고 심지어 그 사랑의 힘과 전망과 한계를 만들어내고 있는 것이다. 서로에 대한 사랑을 말로 표현하는 것은 사랑이 마음속에서 모양 없이 격렬하게 요동하는 감정일 때는 갖고 있지 않던 내용, 모습, 의미, 깊이, 미래를 빚어낸다.

그러므로 신앙을 말로 표현하는 것은 하나님에 대해 우리가 아는 바와 믿는 바와 신뢰하는 바를 발견하는 한 방법이 된다.

첫 설교 준비에 애쓰는 신학생들은 좌절감을 맛보기도 할 것이다. 그러면서 "나는 내가 믿는 바를 안다. 단지 말로 하지 못할 뿐이다."라고 할 것이다. 이해할 수 있는 말이지만 여러 가지 점에서 그 반대의 경우도 성립한다. 만약 말로 하지 못하면 참으로 믿는 것이 아니다. 예를 들면, 가장 효과적으로 성경공부를 하는 그룹은 자유롭고 거침없는 솔직한 대화, 질문, 면밀한 조사, 탐구, 회의(懷疑)까지도 한다. 다른 사람들과 이야기를 나누면서 생각을 말로 표현하는 것이 성경의 지혜를 알게 되고 믿게 되는 중요한 한 방법이라는 것을 경험으로 알기 때문이다. 우리가 신앙을 말할 때, 그것은 단순히 믿음만을 나타내는 것이 아니다. 우리는 말하면서 항상 그리스도인이기를 다짐하는 것이다.

우리 대부분은 전문적인 신학자가 아니다. 많은 그리스도인에게 하나님에 대한 대화의 대부분을 교회 안에서 한다. 교회 안에서의 하나님에 대해 말하는 것이 세상에 나가서 하는 것보다 훨씬 더 쉽고 덜 위험하다고 느끼기 때문이다. 교회 안에서 드리는 예배에서는 하나님을 이야기하고, 하나님께 이야기하는 것이 아무런 무리 없이 이루어진다. 우리는 송영을 부르고 '아멘!'을 하고 성경을 읽고 사도신경을 암송한다. 적당한 말을 찾아야 할 필요도 없고, 그 말을 하면서 불편하게 느낄 필요도 없다. 무엇을 말할지, 어떻게 말할지는 이미 예배 의식과 우리의 기억에 새겨져 있다.

그러나 예배가 아닌 나머지 생활에서 하나님을 이야기하는 것은 어떤가? 자녀들에게 하나님을 어떻게 이야기하는가? 업무회의에서 긴장이 높아질 때, 친구가 병원에서 걱정스런 진단을 받고 올 때, 옆집의 이웃이 자식에 대해 이야기를 해올 때, 우리는 신앙을 이야기해야 할까? 소외될지도 모르는 위험을 감수하면서라도 하나님을 이야기해야 할까? 이 부분은 아직도 많은 그리스도인들이 갈등을 겪는 부분이다. 세상에 나가 신실하게 이야기해보려다 거북함 때문에 벙어리가 된다. 우리는 교회 밖의 장소에서 신앙을 어떻게 말로 표현해야 할지 확신이 없다. 그래서 종종 아무 말도 하지 않는다.

🟠 하나님에 대해 말하기

우리의 문화는 끊임없이 하나님을 말한다. 사람들이 모이는 곳에서는 신앙 이야기들이 넘쳐난다. 정치가들도 하나님을 말하고 텔레비전 속 복음전도자들도 하나님을 말한다. 영성에 관한 베스트셀러 작가들도 하나님을 말한다. 복음전도자들은 집집을 돌며 "당신은 구원을 받으셨습니까?"라는 소책자를 내민다. 가판대의 소책자들도 하나님을 재잘거린다. 라디오를 한번 틀어보거나, 잡지를 한번 읽어보거나, 시내에 한번 나가보자. 하나님에 대한 이야기는 도처에서 울려 퍼진다.

하지만 우리는 이 모든 하나님과 관련된 대화의 선의의 종교적 소음에 에워싸여, 심각한 깊이의 결핍과 진정한 하나님과 관련된 대화의 기근마저 깨닫는다. 사람들은 끊임없이 하나님을 말하지만 무의미한 말들일 뿐이다. 우리에게 부족한 것은 하나님에 대한 이야기가 아니라 '진정한' 하나님에 대한 대화이다. 성경에는 "여호와의 말씀이 희귀하여"(사무엘상 3:1)라고 이스라엘 역사의 특별한 한 순간이 기술되어 있다. 이 말은 그 당시 사람들이 하나님을 말하지 않았다는 뜻이 아니다. 그 때의 사람들은 예배 처소에서, 집에서, 시장터에서 하나님에 대한 이야기를 할 수 있는 한 많이 했을 것이다. 성경의 그 말은 그 모든 하나님에 대한 대화에 진정성이 부족했다는 것이다. 결국, 하나님에 대한 대화는 많았으되 그 속에 하나님이 없었다는 것이다.

여기서 우리가 깨닫는 것은 하나님을 말할 때 진정한 하나님을 말하는 것이 아닌 무언가를 얻기 위해 사용하는 방법으로 쓰고 있다는 것이다. '하나님'이란 단어를 말하지만 그 단어는 실제로 다른 것을 뜻한다. 이 방법은 사회에서 흔히들 종교적 대화로 간주되는 많은 대화에서 볼 수 있다. 여기서 '하나님'은 중요한 가치 전부를 나타내는 편리한 용어일 수 있다. '하나님'은 정치적 야망(하나님이 우리와 함께 하시는), 전통적인 명언(하나님은 스스로 돕는 자들을 돕는다), 일반적인 도덕성(그 여자는 하나님을 경외하는 사람이다), 우리 내부의 강한 충동(하나님은 내가 번영하기를 바라신다) 같은 것과 바꿔 해석할 수 있는 단어이다. 그와 같은 경우, 사람들은 '하나님'을 말하지만 실제로는 그것은 하나님이 아닌 것들을 뜻한다.

'하나님 아래의 한 국가(one nation, under God)'라는 문구를 놓고 벌어진 근래의 미국 공방을 생각해보자. 그 문구는 수십 년 동안 학생들이 미국 국기에 대한 충성을 맹세하면서 매일 아침 암송해오던 것이었다(편집주: 우리나라에서도 애국가의 '하나님이 보우하사'처럼 비슷한 경우가 있음). 따라서, 하나님 이름을 부르는 것은 교회와 국가의 분리를 명시한 헌법을 어기는 것이기 때문에 공공시설에서 이 문구를 사용하면 불법이라는 판결이 내려지자 대소동이 벌어지고, 이에 대한 찬반 공방이 계속되었다. 어떤 사람들은 법원의 판결이 종교가 어떤 사람들을 고려한 관용과 포용의 승리라며 갈채를 보낸 반면, 다른 사람들은 나라의 종교적인 토대를 들먹이며 법원의 판결이 지나치다고 거세게 항의를 했다. 가장 흥미로운 반응은 다음 글이 아니었을까 싶다. 어떤 신문의 사설엔가 실렸던 것이었는데, 비록 '하나님 아래의 한 국가'라는 문구가 교회와 국가 간의 경계선을 법률적으로 침범한 것이긴 하지만 악의 없는 위반이니 법원이 그걸 가만히 놔두는 것이 현명하다는 것이었다. 결국, 논리적으로 보면 '하나님 아래의 한 국가'라는 문구는 진짜 하나님을 나타내는 것이 아니라 막연한 것, 일반적인 미국의 영적 가치와 그 유사한 것을 나타낸다. 한 시사 해설가는 '하나님 아래'라는 말이 종교적으로 들리지만 실제로는 비종교적인 의미를 담고 있다고 말했다. 그는 그것을 '의례적인 자연신론'이라고 했다. 요컨대 우리는 그 말이 실제로는 유일신 '하나님'을 뜻하지 않는다는 걸 알아야 한다는 것이다.

등반가가 에베레스트 정상을 가리키며 "하나님이 원하시면 우리가 정상에 오를 것이다."라고 한다고 하자. 그 사람이 '하나님이 원하시면'을 정말 무슨 뜻으로 말했을까? 확실히 알려면 그에게 물어봐야 하겠지만, 그의 말이 전혀 하나님을 뜻하지 않았을 가능성이 크다. 어쩌면 그가 하고 싶은 말은 "우리는 온힘을 다해 에베레스트 정상까지 올라가려고 하지만, 이런 산을 등반하는 것은 우리의 노력으로는 극복 불가능한 한계에 직면할 수도 있다."란 뜻일 수 있다. 다시 말하면, 그 등반가는 에베레스트 정상에 도달하는 것은 결의, 몸을 지탱해 주는 밧줄, 담력, 인내력, 좋은 날씨, 기회, 행운 등과 같은 것에 달려 있다는 뜻으로 말한 것이다. '하나님'이라는 단어가 인간의 통제력이 미치지 않는 일을 나타내는 데에 사회적으로 유용한 용어이기 때문에 "하나님이 원하시면"이라고 말한 것이다.

'하나님'이란 단어를 너무나 세속적인 목적을 위해 신성을 파괴하면서까지 사용하는 경우도 있다. 하지만 좀더 너그러운 마음으로 들어보면, 의례적으로 사용하는 그런 언어의 많은 부분이 아무리 희미할지라도 하나님의 존재와 새로운 하나님과의 만남에 대한 열망의 흔적이라고도 할 수 있다.

일전에 소설가 프레더릭 부에크너(Fre-derick Buechner)가 식민지 정착지에다 성서에 기초한 이름들을 붙인 관습에 대해 말한 적이 있다. "뉴헤이븐, 뉴호프, 그들은 들으면 눈물이 날 것 같은 이름들을 불렀다. 프로비던스(섭리), 콩코드(일치), 모든 깨달음을 지닌 평화 '샬롬'인 세일럼도 그렇다." 프로비던스와 세일럼은 단지 역사가 오래된 도시의 이름들이 아니다. 즉 강한 소망이 구체화된 것들이다. 사람들이 별생각 없이 하나님을 말한다면, 이것은 단순히 무관심의 문제거나 사회가 얼마나 철저히 세속적이 되었는가를 알려주는 신호라고만 할 수는 없다. 하나님에 대한 진정한 말이 필요하다는 무언의 고백도 되는 것이다. "빌어먹을(God dammit)!"이란 말조차도 단지 사나운 욕설만은 아닌 것이다.

보통의 언어가 갖지 못한 힘을 불러일으키려는 시도이고, 신령한 언어의 힘과 살아계신 하나님과의 만남에 대한 열망을 불경스럽고도 반어적으로 나타내는 것일 수도 있다.

🔸 진리의 울림

하나님과의 진정한 만남에 대한 열망은 살아계신 하나님의 존재를 진지하게 받아들이고 우리의 삶에서 하나님이 얼마나 생생한지를 이야기하려는 것으로 향하게 된다. 그런 대화는 그저 하나님에 "대한" 대화만이 아니다. 바로 하나님 안의 삶에 관한 대화이기도 하다. 엄마가 학교 첫날 걱정에 싸인 유치원생 아들에게 "걱정하지마. 좋을 거야. 선생님들과 친구들이 보살펴줄 거야. 그리고 곧 엄마가 데리러 올게."라고 말한다. 엄마는 그저 기분을 달래주려고 말하는 것이 아니다. 엄마는 아들을 사랑해서 이 세계가 결코 그 아들을 버리지 않을, 아이를 더없이 귀중하게 여기는, 아이가 확신을 갖고 살 수 있는 견고한 세계임을 환기시켜주는 것이다. 엄마는 그 말을 통해 아들에게 신뢰를 불러일으키고 안전과 보호의 세계를 기원하고 있다. 마찬가지로, 하나님을 진실하게 말하는 것도 하나님의 신뢰할 수 있는 세계로 들어가는 것이다. 하나님을 말하는 것은 그런 세계에서 사는 것이고, 그 세계를 말하는 것이다. 하나님을 말하는 것은 하나님과의 관계 속에 있는 것이고, 그 말은 하나님을 말하는 것이지 그저 하나님에 '대해서만' 말하는 것은 아니라는 뜻이다. 즉 하나님을 위해 말하고, 하나님 안에서 말하고, 하나님과 더불어 말하고, 하나님께 말하는 것이기도 하다. 그러므로 진정한 하나님에 관한 대화는 기도의 한 형태가 될 수 있다.

진정 하나님에 대한 대화는 아주 예외적이면서 일상 대화의 특성에 맞지 않는 면이 있어서 듣는 우리를 깜짝 놀라게 할 때가 있다. 베드로와 요한이 복음을 전하려는 시도를 처음 시작했을 때 그 결과는 깜짝 놀랄 만한 것이었다. 베드로와 요한은 학식이 없는 평범한 사람들이었지만 그들이 보고 들은 대로 예수님에 대한 진리를 담대하게 말했을 때 사람들이 놀랐다.(행 4:13)

암살당한 루터 킹 목사의 아버지 마틴 루터 킹 시니어(Martin Luther King Sr.) 목사가 축복 기도로 집회를 끝마쳐달라는 부탁을 받고 민주당 전당대회에 참석한 적이 있었다. 마지막 의사봉 소리가 나자 대회장 안에는 환호가 일면서 대의원들 사이에 축하가 터져나왔다. 대통령 후보 공천자가 선출되어 모두들 축제 분위기에 들떠 있었다. 집회장의 천장에는 풍선들이 떠 있었고, 회의장은 박수치는 사람들, 캠페인 인쇄물을 찢어 뿌리는 사람들, 목청 높여 인사를 하는 사람들로 떠들썩했다. 이런 소리에 묻혀 거의 들리지도 않는 소개를 받고 킹 시니어 목사가 연단으로 걸어나갔다. 하나님에 대한 대화를 할 분위기가 아니었다. 하지만 킹 목사는 대의원들 앞에 서서 조용히 기다렸다. 점차 소란의 물결이 가라앉고 사람들이 하나둘 연단을 바라보았다. 킹 목사는 천천히 팔을 들어올리고 기도를 시작했다.

"여호와께서 여러분을 축복하시고 지켜주시기를 바라나이다. 여호와께서 얼굴을 여러분에게 비추어주시고 자비를 베풀어주시기를 바라나이다. 여호와께서 여러분에게 평안을 주시기를 바라나이다."

모두들 킹 목사의 기도가 대통령 후보 공천자보다 의미가 크고 중요하다는 걸 느꼈다. 그 기도는 단지 의식의 마침이 아니라 깜짝 놀랄 연설이요, 하나님의 진정한 축복이었다.

하나님에 관한 의례적인 대화와 진정으로 하나님을 언급할 때가 섞여서 혼동되는 때도 많다. 수년 전에 유명한 법률·의학적 사건이 일어났다. 뉴저지에 사는 젊은 여인 카렌 앤 퀸랜(Karen Ann Quinlan)이 친구들과의 사교모임에 갔다가 혼수상태에 빠졌다. 처방받아 먹던 약과 알코올이 위험한 상호작용을 일으킨 것 같았다. 병원으로 실려 간 그녀에게 생명보조 장치가 부착되었다. 몇 개월이 지난 뒤 카렌의 의식이 회복될 수 없을 것이 확실해지자 독실한 그리스도인인 그녀의 부모는 병원 측에 생명 보조 장치를 제거해달라고 요청했다. 그러나 병원은 부모의 요청을 거절했고, 퀸랜 부부는 이 전례 없는 의료 윤리 사건을 가지고 법정으로 가야만 했다.

아버지 조셉 퀸랜(Joseph Quinlan)이 생명 보조 장치를 제거해달라고 한 요구는 신앙적 결정이었다. 그는 가망이 없는 딸 카렌을 하나님의 뜻과 천국의 소망에 맡겨야 한다고 말했다. 퀸랜 부부는 법원이 이 일을 철저히 종교적인 문제로 받아주기를 기도했다. 그렇지만 그런 신앙 언어에 생소했던 법원은 퀸랜 부부의 요구를 거부하였다. 법원은 의료 당국이 내린 '생명'과 '죽음'의 정의만을 인정할 수 있고, 조셉이 '종교적'인 문제라고 생각할지라도 법원은 그렇게 간주하지 않는다고 말했다. 그리고 이번 사건에서 종교적인 문제인지 아닌지를 판단할 모든 권위는 법원에게 있다고 했다. 법원은 조셉 퀸랜의 신앙

고백을 퀸랜이 명백하게 '진실한' 사람이며, 그의 말은 '개인 신앙을 표현'한 것이라고 이해한 것이다. 다른 말로 하면 법원은 퀸랜의 종교적 언어를 의례적인, 단지 착한 품성을 지닌 사람이라는 증거로 받아들였던 것이다.

진정한 하나님에 관한 대화는 바로 하나님의 존재를 전하기 때문에, 그리고 그 하나님의 존재는 항상 도전적이고 벅차기 때문에, 하나님에 대한 공적인 연설이 때로 저항과 격심한 거부까지 초래하는 경우도 있다.

1970년대 중반, 유명한 반체제 작가 알렉산더 솔제니친(Alexander Solzhenitsyn)이 소련에서 미국으로 망명했을 때 미국에선 대단한 환호가 일었다. 이 얼마나 멋진 일격인가! 소련에게 이 얼마나 당혹스런 벌인가! 그러나 러시아인들은 "기다려봐라. 솔제니친이 어떤 사람인지 두고 보면 알게 될 것이다."고 경고했다.

1978년, 솔제니친은 하버드 대학으로부터 졸업식 초두 연설을 요청받았다. 수천 명이 그 유명한 소설가의 말을 들으려고 모였다. 당연히 솔제니친이 전체주의의 소련 정권을 비난하고 서방의 자유와 아량과 번영을 축하할 것이라고 생각했다. 그러나 솔제니친은 서구 문명의 도덕적 권태와 정신적 빈곤을 비난하는 연설로 청중의 기대를 져버렸다. 그날 솔제니친의 연설은 깊은 종교적인 내용을 담고 있었고, 그래서 어떤 청중들은 솔제니친이 하나님과 신앙의 삶에 대한 말로 점잖은 졸업식 행사를 혼란스럽게 했다며 야유를 해댔다. 솔제니친은 이렇게 말했다.

"르네상스부터 지금까지 우리는 경험을 확장시켜왔습니다. 그러나 열정과 무책임을 제지해주던 완전한 존재에 대한 개념을 잃어버렸습니다. 정치적·사회적 개혁에 너무나 많은 희망을 걸어왔습니다. 그렇지만 그 결과는 우리가 지닌 가장 중요한 재산인 정신적 삶을 빼앗기고 있다는 것을 깨달았을 뿐입니다. 동양에서는 통치 집단의 음모와 조치에 의해 정신적인 삶이 파괴됩니다. 서양에서는 상업적 이익 때문에 정신적 삶이 질식사하고 있습니다. 이것은 현실의 위기입니다."

러시아인들이 옳았다. 미국은 솔제니친이 어떤 사람인지 알게 되었는데, 그가 단지 '선량한 사람'이 아니라 '훌륭한 사람'이라는 것이었다. 그는 구약의 선지자 같은 사람, 근엄하고 덕망 높은 수도자 같은 사람이었다. 그에게는 예레미야와 성자들의 경우처럼 '하나님을 한 번 이상 언급하면 다시는 초대받지 못할 것이라고' 알려줄 필요가 없었던 것이다.

신앙을 공개적으로 말하는 것은 사람을 감동시키면서도 위험스런 면이 있다. 우리의 말은 깜짝 놀랄 축복으로 받아들여질 수도 있지만 오해를 받을 수도 있고 나아가 야유를 받을 수도 있다. 주일에는 찬송을 부르고 나머지 여섯 날에는 입을 닫고서 편안하게 평생을 살 수도 있는 평범한 그리스도인들이 왜 주일이 아닌 나머지 여섯 날에도 하나님을 이야기하려고 하겠는가? 어쩌면 베드로와 요한이 가장 적절한 답이 될 수 있겠다. 베드로와 요한의 말에 사람들이 선동될 것을 염려한 당국이 그들에게 입을 다물라고 명령했을 때 베드로와 요한은 복음을 말하는 것이 위법인지 아닌지 당국은 스스로 판단해야 할 것이라고 대답했다. 그리고 이렇게 덧붙였다.

"우리는 보고 들은 것을 말하지 아니할 수 없다 하니"(행 4:20)

◉ 하나님께 가는 '길'을 아는 것

기독교 운동에 붙여진 초기 이름들 가운데 하나인 '길[道]'(행 9:2)은 다소 뜻밖이다. 그냥 '길'이라고 했다. 하지만 생각해보면 '길'은 기독교에 매우 적절한 이름이다. '길'이라는 말이 최소한 신앙의 주요 진리 2가지를 품고 있기 때문이다. 첫째, '길'을 아는 무리는 분명히 어디론가 가고 있는 사람들이다. 하나님이 아브라함에게 살고 있는 땅과 친척을 떠나 "내가 네게 보여 줄 땅"(창 12:1)으로 향해 가라고 하신 이후 하나님의 백성은 계속 이동을 하는 사람들이다. 그리스도인이라면 짐을 꾸려 길에서 눈을 떼지 말아야 한다. 신앙의 삶이란 끊임없는 여행이기 때문이다. 이 여행은 그리스도인은 항상 변하고, 성장하고, 하나님 안에서 더 깊은 믿음을 향해 움직이고 있다는 의미다. 그러나 문자 그대로 종종 여행 그 자체를 의미하기도 한다. 여정 중에 아직 복음이 전해지지 않은 마을이 있으면 그리스도인은 결국 걸어서든, 배를 타고든, 말을 타고든, 차를 타고든 그곳으로 갈 것이다.

여행으로 묘사된 그리스도인의 신앙에는 우리가 다른 이들에게 하나님을 알리고, 다른 이들과 더불어 하나님을 이야기하는 문제를 어떻게 이해해야 할지 은연중에 나타나 있다. 사도 바울은 선지자 이사야를 인용해서 복음을 전하는 사람들을 말했다. "아름답도다 좋은 소식을 전하는 자들의 발이여"(롬 10:15) 자, 바울이 이렇게 말한 것으로 생각할 수도 있겠다. "아름답도다! 좋은 소식을 전하는 자들의 '말[言]'이여." "아름답도다! 좋은 소식을 전하는 자들의 '입'이여." "아름답도다! 좋은 소식을 전하는 자들의 '교회'여." 라고. 하지만 아니다. 얼마나 아름다운 '발'인가이다. 이유는 우리가 입을 열어 하나님의 복음을 말하기 전에 이 위로의 말이 필요한 사람들을 찾아가는 일이 선행되어야 하기 때문이다. 병실을 찾아가든지, 장례식장을 가든지, 길을 건너 이웃의 집으로 가든지, 어려운 사람에게 전화로 위로의 말을 전하든지, 다른 사람들에게 충실한 말을 한다는 것은 우리가 그들과 함께하겠다는 뜻이고, 만남의 장소까지 함께 가주겠다는 뜻이고, '길'을 아는 사람이라는 것을 의미한다.

헬렌 프리진(Helen Prejean) 수녀는 루이지애나 주 교도소에서 사형선고를 받은 죄수들을 보살피는 사역을 한다. 그녀의 사역 이야기는 영화 《데드 맨 워킹(Dead Man Walking)》으로 제작되었다. 그녀는 신실한 말로 사역을 한다. 그녀는 비정한 범죄자들에게 격려와 영적 상담을 해주며, 그들의 고백을 들으며, 하나님의 불쌍히 여기심과 사랑을 말하며, 삶의 많은 부분을 이렇게 '말을 하는' 데 쓴다. 몇몇 죄수의 사형장에도 따라갔다. 하지만 애초에 이런 봉사에 참여하게 된 것은 그녀의 웅변 때문도 아니었고 그녀의 말하기 능력 때문도 아니었다. 무엇보다도 그녀의 발 때문이었다. 그녀는 하나님이 자신을 감옥으로 부르시는 걸 느꼈다. 그 '길'을 아는 사람으로서 그녀는 발을 들어 걸음을 옮겼다. 그녀는 이렇게 말한다.

"우리는 우리 자신보다 더 큰 존재에 연결되어 있어서 사람들의 고통에 마음이 움직이기 때문에 힘을 얻습니다. 우리가 무관심하게 있을 수는 없습니다. 우리는 '무엇을 할지는 모르겠어. 하지만 뭔가 해야 한다는 것은 알아.'라고 말합니다."

때때로 사람들은 헬렌 수녀가 해야 할 말을 어떻게 그렇게 적절하게 아는지 의아해 한다. 그녀가 어떻게 살인자들에게 말하고, 어떻게 피해자의 가족들을 위로하며, 교도관들에게 맞서는지, 어떻게 적절하고 신실한 말을 찾아내는지 궁금해 하는 것이다. 그 대답으로 그녀는 마크 트웨인의 《허클베리 핀》에 나오는 한 구절을 즐겨 인용한다. "무슨 특별한 계획을 세운 건 아니었지만, 때가 되면 적절한 말을 하게 해주실 섭리를 믿고 나는 쉬지 않고 갔어. 내가 가만히 있으면 섭리대로 항상 적당한 말이 떠올랐다는 것을 알고 있었기 때문이야." 헬렌 수녀는 '길'을 따라 가면서 발로 뛰는 일을 하고, 하나님은 그녀에게 할 말을 주신 것이다.

말하자면 기독교의 '길'은 그리스도인들이 '움직이고 있는 사람들'이라는 표시이다. 그 이름 속에 들어 있는 두 번째 진리로서 '길'은 기독교가 삶의 방식임을 드러낸다. 그리스도인의 삶은 '생활'이다. 단지 일련의 믿음이나 사상이 아니라 살아가는 온전한 방식인 것이다.

　체서피크 만 한가운데에 인구 450명의 스미스 섬이 있다. 이 섬 주민 대부분은 대대로 꽃게, 굴, 물고기를 잡고 살아온 어부 집안 출신들이다. 스미스 섬 주민이라는 것은 정확히 다른 곳 주민이 아니라는 것이다. 즉 스미스 섬 주민이라는 것은 특별한 삶의 방식으로 산다는 것이다. 섬 주민들은 조수와 해류에 의지해 살고 있기 때문에 날씨를 주의 깊게 살피고, 타고 나갈 배를 준비하기 위해 아침 일찍 일어난다. 항상 북동쪽에서 부는 폭풍에 좌우되는 작은 섬에 모여 살기 때문에 섬 주민들은 서로의 말에 귀기울이고, 서로를 보살피고, 서로를 찾는다. 스미스 섬 출신이라는 것은 여름이면 불에 뭉근히 끓인 토마토 요리와 꽃게 요리를 먹는다는 것이고, 굴 양식장 수가 줄어드는 것을 걱정한다는 것이고, 감리교회의 집회에 참석하며 신앙적인 삶을 꾸려 나간다는 것이고, 수백 년 전 잉글랜드와 웨일스로부터 전해진 뱃노래를 부른다는 것이다. 스미스 섬 주민들도 다른 지역의 사람들이 하는 모든 것을 한다. 먹고, 자고, 일하고, 결혼하고, 아이를 기르고, 노래하고, 장례를 치르고, 하나님께 예배드린다. 하지만 그들은 그들만의 풍습이 있다. 스미스 섬은 단지 장소가 아니라 삶의 방식이다.
　이와 마찬가지로, 그리스도인에게는 삶의 방식이 있다(또는 있어야 한다). 우리는 '길'을 아는 사람들이다. '길'은 그리스도인을 다른 사람들과 구별시키는 별스런 종교적 의식이나 유별난 관습을 모아놓은 것이 아니다. 그리스도인의 삶의 방식인 '길'의 흥미로운 점은 그것이 모든 인간들이 행하는 일들로 이루어졌지만, 그 일들 모두가 예수님과의 관계에 의해 해명되고 다시 구성된 것이라는 사실이다. 예를 들어 보자. 모든 인간들은 먹는다. 인간은 살기 위해 먹어야 한다. 그리스도인도 역시 먹는다. 하지만 그리스도인은 모든 식사 시간을 감사의 시간으로 만들려고 노력한다. 전문적인 용어를 사용하면, 모든 식사는 '성찬', 다시 사신 그리스도와의 교제이다.

다시 예를 들면, 인간은 자녀를 낳아 사회의 구성원이 되도록 기른다. 그리스도인도 역시 자녀를 낳아 기른다. 하지만 힘을 다해 하나님 나라의 구성원이 되도록 기르고, 예수 그리스도의 제자가 되도록 기른다. 모든 인간 사회는 이방인이 나타나면 어떻게 해야 할지를 생각한다. 싸우느냐 아니면 도망가느냐 아니면 또 다른 무엇을 하느냐? 우리가 하나님께 이방인이었을 때 그리스도 안에서 환영을 받은 것을 알고 있기에 우리 그리스도인 사회는 다른 이들에게 같은 종류의 환대를 베풀려고 한다.

그리스도인의 삶의 방식은 실제로 평범한 사람들의 생활 바로 그것이다. 태어나고, 지역 사회 안에서 함께 살고, 일하고, 자녀를 낳고, 병든 자와 노인들을 보살피고, 먹고 마시고, 이방인들을 만나고, 예배를 드리고, 죽는다. 하지만 그 모두가 참된 인간이신 예수 그리스도라는 렌즈를 통과해 비쳐진 것들이다. 원기를 회복하는 휴식과 의미 있는 일, 이 리듬을 위해 인간에게 기본적으로 필요한 것에 대해 생각해 보자. 모든 인간이 잠을 자고 일어난다. 모든 인간에게는 휴식과 일이라는 리듬이 있다. 우리 모두에게는 가치 있는 일이 필요하고, 일을 하기 위해 좋은 휴식도 필요하다. 그리스도인도 다르지 않다. 잠에서 깨어 일어나고, 쉬고 일을 한다. 예수 그리스도와의 관계가 우리가 잠을 자고 새 날을 위해 다시 일어나는 것과 같은 아주 기본적인 습관을 결정할 수 있는가?

잠자기 전에 드리는 기도를 보자. 그 기도가 간단한 '주님! 이 하루를 감사드립니다. 저에게 휴식을 주시고, 평강을 주소서.' 이든, 어린이들이 하는 '이제 자려고 눕습니다. 제 영혼을 지켜주시기를 주님께 기도합니다.' 이든, 6세기에서 전해 내려온 고대의 밤 기도인 '오, 자비로우신 하나님! 오셔서 이 밤 내내 저희를 보호하소서. 그리하여 이 삶의 변화와 기회들로 지친 저희가 영원히 불변하신 하나님 안에서 휴식하게 하소서. 우리 주님 예수 그리스도를 통해 기도드립니다.' 이든지, 그리스도인은 침대 맡에서 기도를 함으로써 하루의 마감을 하나님의 손에 맡긴다. 화학요법과 방사선 치료, 모든 모욕과 두려움을 견디며 유방암과 싸우는 한 여인이 이렇게 말했다.

"잠자기 전 기도를 할 때 내가 하나님께 단지 오늘 하루를 감사드리고 있는 것이 아니라는 걸 깨달아요. 나의 모든 낮과 밤을 하나님께 맡기고 있어요. 저녁 기도는 살려는 것이지만, 또한 성실하게 죽기를 위한 연습이고, 두려움이 아닌 신뢰와 소망 속에서 죽기를 위한 준비에요."

그렇다. 모든 사람이 잠을 자고 일어난다. 그러나 그리스도인은 하나님이 모든 것을 다스리신다는 것과 우리는 하나님의 손 안에 있다는 것을 알기 때문에 평안 속에 잠을 잘 수 있다. 그리고 그리스도인은 하루 하루가 선물이고 하나님의 은혜로 인해 우리 손의 수고가 헛되지 않음을 알기 때문에 일어날 수 있다. 이것이 차이다. 기독교는 삶의 온전한 방식인 것이다.

그래서 '길'의 기독교는 하나의 종파나 초경건함이라는 좁고 작은 길이 되기를 바라지 않는다. 대신에 그리스도인은 믿는 바 하나님이 모든 사람에게 바라시는 방식대로 삶을 살고 싶어한다.

그리스도인은 '우리'와 '그들' 사이에 우리는 그리스도인이고 너희는 아니라는 명확한 경계선을 긋고 싶어하지 않는다. 그보다는 하나님의 방법대로 살기를 원한다. 그리고 우리는 결코 실패 없이 그렇게 사신 예수님을 주목함으로써, 그렇게 사는 방법을 알 수 있다. 충분히 인간다운 삶을 살려고 노력하는 것, 예수님을 따라 사는 것이 그리스도인의 신앙이다. 그래서 우리는 '길을 아는 사람들'이다. 일레인 패절스(Elaine Pagels)는 이렇게 썼다.

"한겨울에 성 프란시스가 아몬드 나무에게 큰 소리로 말했다. '나에게 하나님을 말해다오!' 아몬드 나무는 갑자기 꽃을 피웠다. 살아난 것이었다. 살아있는 것 외에 하나님을 증거할 다른 방법은 없다."

삶의 총체적 방식으로서 '길'을 이해하는 것이 그리스도인이 어떻게 말을 할 것인지와 어떤 관련이 있는가? 그것은 '길'의 목표가 하나님이 의도하신 대로 말을 하는 것이고, 충분히 인간다운 방법으로 말하는 법을 배우는 것이고, 오직 진리를 말하는 법을 배우는 것임을 의미한다.

모든 인간이 말을 한다. 인간을 다른 피조물과 구별시키는 것들 중 하나가 우리에게 언어라고 불리는 복잡한 상징체계를 사용할 능력이 있는 것이다. 우리는 언어를 많은 방식으로 사용한다. 농담을 하고, 외로워서 울부짖고, 빛의 속도를 계산하고, 이웃에 대해 수다를 떨고, 사랑을 말하고, 기쁨에 겨워 노래를 부르고, 불운을 저주하고, 누군가를 놀려대고, 사람들을 속여 그 사람들의 것을 취하고, 정의를 세우고, 고통 가운데 있는 사람을 위로하고, 전쟁을 선포하고, 평화를 선언하는 등 우리에게는 좋은 말이나 나쁜 말을 사용할 무한대의 능력이 있다. 하지만 그리스도인은 말을 예수님이 사용하신 것처럼 사용할 때에야 진실로 사람이라고 생각한다. 저주하는 것이 아니라 축복하고, 끌어내리는 것이 아니라 세우고, 오로지, 항상, 끊임없이 우리 자신에게만 주의를 기울이는 것이 아니라 모든 생명마다 가득 차 있는 하나님의 신비를 증거하면서 우리가 하고 싶은 것은 바로 시편 기자의 기원이다. "나의 반석이시요 나의 구속자이신 여호와여 내 입의 말과 마음의 묵상이 주님 앞에 열납 되기를 원하나이다."(시 19:14)

앞에서 이 책은 그리스도인이 교회 밖에서 하나님과 신앙을 어떻게 이야기할 것인지에 대한 책이라고 말했다. 이제 우리가 알 수 있는 것은, 삶 속에서 하나님과 신앙을 이야기하는 것은 단순히 하나님을 소리 내어 말하거나 종교적 대화에 낀다는 차원의 의미가 아니다. 하나님을 이야기하는 것은 강한 의지를 지닌 지혜로운 인간처럼 이야기한다는 의미이다. 물론 우리는 하나님을 이야기할 것이다. 이야기를 할 수밖에 없다. 오래된 기독교 교리문답으로 바꿔 말하면, '사람이라는 의미는 무엇입니까? 하나님을 영화롭게 하는 것이고, 하나님 안에서 영원히 기쁘게 사는 것입니다.' 우리는 하나님을 이야기할 것이다. 하지만 항상 삶 가운데서 하나님을 이야기할 것이다. 다시 말해, 우리는 삶의 한가운데 있을 것이고 하나님도 역시 삶의 한가운데 계실 것이다. 농부와 씨앗, 부모와 자녀, 결혼과 장례, 빵 굽기와 식탁의 잔치로 가득 찬 예수님의 비유들처럼 우리는 일과 놀이, 부모와 자녀, 잔치와 금식, 믿음과 의심, 병과 건강, 잔인함과 친절, 전쟁과 평화, 태어나는 것과 늙어가는 것, 사는 것과 죽는 것에 대해서 신실한 대화를 할 것이다.

하나님께 신실하지 않다면, 우리가 계속 침묵하고 있다면 우리는 사람일 수가 없다. 우리는 스스로를 '증인'으로 생각해야 한다. 우리가 과연 그 이름을 당당히 쓸 수 있는가?

증인을 만나고 싶어요

수년 전 어느 날 아침, 데보라(Deborah)는 직장인 서점에 일찍 도착했다. 독특한 유대인의 옷을 입은 한 남자가 서점 문이 열리기를 기다리며 서 있었다. 데보라가 문을 열자 남자는 들어가도 되는지를 조용히 물었다. 서점 개장 시각보다 한 시간 전이었기 때문에 그녀는 망설였다. 하지만 남자는 점잖아 보였고, 급하게 필요한 것이 있는 것처럼 보여서 남자의 부탁을 들어주기로 마음먹었다. 불을 켠 뒤 그녀가 물었다.

"무얼 도와드릴까요?"

"예, 예수님에 대해 알고 싶어요."

남자는 사투리 억양으로 부드럽게 말했다. 가게가 종교 전문 서점이었기 때문에 그 요청은 당연한 것이었다. 그래서 데보라는 예수님

연구서와 기독교 초기 역사서들이 즐비하게 꽂힌 책꽂이 쪽으로 남자를 안내했다. 그러고서 아래층으로 내려오려는데 남자가 다시 불렀다.

"아니오. 나는 구주이신 예수님에 대해 알고 싶습니다. 책은 필요 없어요. 당신이 믿는 바를 얘기해주십시오."

종파 간의 대화를 하고 싶다는 것인가? 영적 상담을 원하는 것인가? 복음전도를 요청하는 것인가? 데보라로서는 알 수가 없었다. 아직까지 한 번도 받아본 적이 없는 요청인 신앙을 말로 나타내보라는 요청을 받은 것이었다. 나중에 그녀는 만남을 회상하며 이렇게 말했다.

"내 신앙 영혼이 와들와들 떨렸죠. 나는 긴장이 되고 당황해서 냅다 말할 수 있는 대로… 생각나는 것은 모두 얘기해주었어요."

데보라의 '신앙 영혼이 와들와들 떨렸듯이' 우리도 어떤 종파에 속했든지 간에 신앙 영혼이 떨렸을 것이다. 갑자기 믿는 바를 표현해야 하는 상황에 처하게 되면 당황스러울 것이고 어찌해야 할 바를 알지 못할 것이다. 진리가 잘 전달되어 남자는 결국 세례를 받기로 결심했고, 그리스도인이 되었다. 물론 데보라는 남자가 영적으로 깨어난 것이 감사했지만 한편으로는 걱정스러웠다. 그녀는 자신이 미묘한 종파 간의 경계를 넘어서 이야기하지 않았기를 바랐고, 그녀 자신이 호전적인 복음전도 기법으로 말하지 않았기를 바랐다.

"나는 내 신앙을 부끄러워하지 않습니다. 나는 지금도 그리스도인이고 앞으로도 항상 그리스도인일 것입니다. 하지만 내가 그때 얼핏 경험한 하나님은 모든 이들의 마음을 열게 하는 하나님, 넓은 마음을 지니신 하나님입니다. 영적 거만은 변명할 여지가 없습니다."

◐ 말을 할 때와 침묵할 때

신앙을 말로 표현해달라는 요청을 받으면 죽을 맛 나는 일처럼 느껴질 수도 있고 여러 가지 이유로 거북함이 느껴질 수도 있다. 그렇다고 해서 그 이유들이 다 나쁜 것은 아니다. 신앙의 대화를 매우 조심스러워하고 자제하는 태도는 어찌 보면 당연한 것이다.

첫째, 생각 깊은 많은 그리스도인들은 공개적으로 간주되는 하나님에 관한 대화가 실은 알맹이 없는 하나님에 관한 수다라는 것을 안다.

둘째, 어떤 하나님에 관한 대화는 충실하기는 하지만 불쾌감을 자아내기도 한다. 그 말을 듣는 사람들은 기분이 상하고, 그 말을 하는 당사자는 고립된다. 한 그리스도인은 "안녕하세요? 잘 지내세요?"라는 인사를 받으면 "구원! 안녕하세요?"라고 대답했다. 이발소에서도, 과일 가게에서도, 거리에서도, 공허한 함박웃음을 지으며 큰 소리로 "구원! 안녕하세요?"라고 했다. 그는 이 인사가 자신이 "증인"이라는 작은 표시도 되면서 사람들에게 메시지를 전하는 기회가 될 거라고 믿었다. 하지만 사람들은 점점 그를 피했다.

남부 한 주의 하원의원이 자신 선거구의 유권자의 70퍼센트 가량이 총기류 통제를 찬성한다는 여론조사 결과와 함께 왜 총기류 통제 운동을 하지 않느냐는 질문을 받고 이렇게 대답했다.

"우리 지역구의 유권자들에 대해서 잘 모르시는군요. 그들은 총기류 통제를 찬성하지만 총기류 통제를 '떠들고' 다니는 사람들은 싫어합니다."

마찬가지로, 하나님을 경험하기를 갈망하는 많은 사람들이 그 갈망에도 불구하고 항상 하나님 이야기를 떠들고 다니는 사람들 때문에 흥미를 잃는 것이다. 그래서 생각 깊은 그리스도인은 이런 불쾌한 일을 초래하고 싶어하지 않는다.

셋째, 실제로 어떤 하나님에 관한 대화는 진정한 종교적 언어의 가능성까지도 암암리에 훼손한다. 신학자 크레이그 다이크스트라(Craig Dykstra)는 종교적 언어가 신앙에 없어서는 안 되는 것이라고 옹호를 하면서도 교회 사람들이 이 언어를 문화 속에서 좋지 않은 방식으로 사용하면 자기우상숭배에 빠질 위험이 있다고 경고한다. 그는 이렇게 말한다.

"종교 공동체가 그들의 언어를 단순히 자기 영속화를 위해 사용하면 하나님은 종교적 숭배의 대상으로만 갇히게 되고 더 이상 삶의 모든 영역에 계시는 하나님이 아니다. 이것이 일상생활에서 종교적 언어를 제대로 이용하지 못하게 만든다. 종교적 언어가 삶이 스며드는 방식이 아니라, 개인 신앙생활 분야 속의 기관이나 특정한 사교적 단체의 언어만을 반영하게 되면 "교회 용어"로서의 종교적 언어와 세상 사람들과 대화의 기반으로서 종교적 언어 사이에는 소통할 수 없는 벽이 생긴다. 이것이 종교적 언어의 '게토(ghetto : 고립지역화)'이자 최종적인 소멸이다."

다른 말로 하면, 교회 사람들이 하나님을 이야기하지만 이것이 실제로는 경건한 마케팅 형식일 뿐일 때가 있다. 교회 성도 수를 늘리려고 노력하면서 우리의 믿음이 옳다는 확신을 위해서 누군가를 우리의 기도 그룹에 가입시키려고 부추기고 있는 것이다. '사회에 경건한 가치들을 다시 심어야 한다.'고 말하지만 실제로는 다음 선거에서 우리 쪽으로 투표하도록 사람들을 끌어내려는 것이다. 진정한 종교적 언어는 '종교', 혹은 '교회'라고 불리는, 하나님의 뜻에 대한 견해라고 불리는 그런 폭 좁은 경험에 관한 것이 아니라, 모든 것에 관한 것이다. 즉 삶의 충만함, 인간됨의 충만함, 세상 안에 있는 하나님 존재의 충만함, 세상을 위한 하나님 존재의 충만함에 대한 것이다. 이 충만함을 나타내는 말을 가져다가 더 작고, 더 요리하기 쉽고, 자기중심적인 것에 쓴다면 우리는 시내산 꼭대기에는 올라갔지만 금송아지 우상을 안고 내려오는 것이 되고 만다. 그것은 우상숭배다. 우리가 '하나님'을 말하지만 실제로는 그저 교회라는 기관을 말하고 있으면, 사람들은 종교적 대화가 결국은 그저 광고를 하는 것, 즉 이미 오염된 흐름에 또 다시 쏟아 붓는 독한 언어적 쓰레기 덩어리라는 것을 눈치챌 수 있다. 무엇보다도 안타까운 일은 가짜 대화를 너무나 많이 들은 탓에 진짜에 무뎌진다는 것이다.

위험을 감수해야 한다는데 도대체 무엇 때문에 하나님에 대해 말하겠는가? 많은 그리스도인들이 말만 하는 사람이 아니라 실행가가 되려고 애썼다. 사람들은 신앙을 말이 아닌 행동과 인격으로 나타내는 '말 없는 증인'에게서 감동을 받는다. 그리스도인은 날마다 수많은 무언의 방법으로 세상에 증언을 한다. 간호사가 환자를 부드럽게 보살피고, 정비사가 정직하게 자동차를 고치고, 신문·잡지 기자가 진실하게 기사를 쓰고, 편의점 직원이 참을성 있게 일하는 이런 모든 형태의 일들이 그리스도인의 증언이 될 수 있다.

신학자 폴 틸리히(Paul Tillich)는 제1차 세계대전 당시 간호사로서 전쟁포로 수용소에서 포로들을 보살폈던 스웨덴 외교관의 딸 엘자 브란트스트(Elsa Brandstrom)에 대해 설교한 것이 있다. 그녀는 감시병들의 야만적 행위에 맞서 싸웠고, 추위, 부패, 질병, 굶주림에 맞서 싸웠다. 배고픈 자들에게 먹을 것을, 목마른 자들에게 마실 것을, 병든 자들에게 힘을 주었다. 전쟁이 끝나고 그녀는 전쟁고아들을 보살피는 프로그램을 만들었다. 틸리히는 이렇게 말했다.

"우린 신학적 이야기는 전혀 나누지 않았습니다. 필요하지도 않았죠. 그녀는 매 순간 하나님을 비쳐 보여주었습니다. 사랑이신 하나님이 그녀 안에 계시고 그녀는 하나님 안에 있었기 때문이죠."

그렇다. 그리스도인의 행위는 그 자체가 증언이 된다. 종교적 대화라고 모두 훌륭한 증언은 아니고, 훌륭한 증인들 모두에게 다 종교적 대화가 필요한 것도 아니다. 그렇지만 무언의 증언으로는 충분하지 않을 때가 있다. 행동만으로는 완전하지 않아, 그것을 오직 말이 채워줄 수 있는 때이다. 베드로전서의 저자는 이렇게 말한다. '여러분이 간직한 소망에 대해서 이유를 묻는 이에게는 대답을 항상 준비하되 부드러움과 공손함으로 하십시오.' (벧전 3:15) 베드로전서에는, 자신들의 행동을 설명할 말을 생각해내야 했던 초기 그리스도인들이 나온다. 베드로전서의 최초의 독자는 이웃과 당국에 의해 비난을 받고 있던 그리스도인들이었다. 그들의 활동, 풍습, 행동이 모두 사회를 어지럽히는 것으로 보였기 때문이었다. 괴로움을 참아내고, 보복과 폭력을 피하고, 여자들을 존중하고, 옷을 검소하게 입고, 집안을 화평하게 하고, 낯선 사람들을 환대하고, 황제 숭배를 거부했던 그리스도인들의 방식은 그 시대 사회의 문화에 대항하는 것으로 비쳐져서 사회의 안정을 해친다는 비난을 받았다. 신앙의 신념이 살아가는 방식을 어떻게 바꾸는지에 대해, 그들은 안에 있는 소망이 어떻게 밖으로 나타나는 행동을 좌우하는지 말할 수 있어야 했다.

그런 비난은 지금도 여전한데, 그리스도인들이 소수 그룹을 이루고 있는 사회에서 특히 그렇다. 하지만 서점 직원 데보라와 같은 많은 그리스도인들에게 누군가가 와서 '당신이 간직한 소망' 에 대해 알고 싶어한다면 훨씬 온화하고 비난이 덜 섞인 경험을 하는 셈이다. 자녀들이 하나님에 대해 질문을 한다든지, 중요한 화제가 사무실에서나 골프장에서 떠오른다든지, 이웃이 어떤 정치적 논쟁에 대한 우리의 의견을 묻는다든지, 한 남자가 가게에 나타나 우리의 신념에 대해 말해달라고 한다면, 그 순간은 마땅히 입을 열어 신앙을 말해야 할 때이다. '항상 준비하십시오.' 베드로전서가 우리에게 강권하는 말이다.

1986년, 이웃에 사는 수전(Susan)은 아이들이 다 자라서 한가해지자 그동안 가족들을 보살피느라 방치해두었던 관심사에 시간을 쓸 여유가 생겼다. 그녀는 인근의 지역사회 대학에서 봄학기 강좌를 듣기로 마음먹었다. 수강 목록을 살펴보다가 그녀는 '미국의 외교 정책: 1945년에서 현재까지'라는 강좌 제목을 발견했다. 수업은 일주일에 한 번 있어 편하고 흥미로웠으며 새로운 도전이 될 만했다. 정치학은 접해본 적이 없던 그녀는 이 강좌를 통해 견문을 넓힐 수 있겠다고 생각했다. 첫 시간에 그녀는 강의실에 미국 시민이라고는 자신과 교수뿐이라는 사실을 알고 놀랐다. 십여 명이 넘는 다른 수강생들은 다 외국인 학생들이었다. 그중 일부는 미국의 귀화 시민이 되는 과정에서 필요한 강좌라서 듣고 있었다.

4월 중반, 미국 군대가 리비아에 폭격을 감행해서 수십 명의 사망자가 생겼다는 기사가 신문의 1면에 났다. 레이건 대통령은, 이번 공습이 한 달 전에 미군이 죽었던 독일의 나이트클럽 폭격에 대한 직접적인 대응이라고 말했다. 리비아 정부의 직원들이 나이트클럽 폭격의 혐의를 받고 있었다. 여론은 레이건 대통령을 강력하게 지지했다. 공습을 리비아와 그 지도자들에 대한 적절하고도 필요한 보복으로 보았기 때문이었다.

그 다음 수업 시간에 교수는 이런 질문을 했다.

"이번 주 뉴스에서 미국의 외교 정책에 관한 논쟁들을 보고 들으셨을 겁니다. 여러분은 어떻게 생각하십니까?"

강의실은 쥐 죽은 듯이 조용했다. 마침내 수전이 머뭇거리며 대답을 했다.

"남편과 저는 이번 폭격에 동의하지 않습니다. 미국은 폭격을 하지 말았어야 했다고 생각합니다."

수업을 같이 듣는 아시아계 젊은 여자는 놀라서 더듬거리며 물었다.

"그렇게 말하는 미국인은 당신이 처음이에요. 혁명주의자이신가요?"

"아니요. 난 공화당원이에요."

"그렇다면 왜 리비아 폭격에는 반대 입장이신가요?"

여자가 다시 물었다. 나중에 수전은 당시에 이렇게 대답해주고 싶었다고 말했다. '이봐요, 여긴 자유의 나라예요. 누구든지 다른 의견을 가질 권리가 있어요.' 하지만 여기서 수전은 더 깊고 더 정직한 대답을 할 수밖에 없는 무언가를 느껴 이렇게 말했다.

"내가 폭격을 찬성하지 않는 이유는 내가 가진 기독교 신앙 때문이에요. 외교 정책을 성경에 따라 세울 수 없다는 것은 알아요. 하지만 '악을 악으로 갚지 말라'고 하셨어요. 그걸 알고도 이런 상황에서 그저 마음 편히 있을 수는 없어요."

뒤를 이어 모든 수강생들 간에 사랑과 정의의 균형, 평화와 보안의 균형, 국가에 대한 충성과 신앙 의무의 균형에 대해 활기차고 탐구적인 토의가 벌어졌다. 수전이 단지 말을 해야겠다고 결심한 결과였다.

법정에서 증언하기

공개적인 신앙 이야기가 꼭 필요하면서도 위험을 감수해야 하는 일임을 생각하면, 그리스도인들이 이 문제를 오랫동안 생각해왔다는 것은 어찌 보면 당연한 일이다. 신약시대부터 그리스도인들은 서로 만나서나, 가족들에게나, 세상에 나가서 신앙을 이야기하는 것이 어렵다는 것을 알았다. 그러나 기독교 신앙이 입을 열어서 하는 말을 통해 생겨나고, 성장하고, 퍼진다는 것 또한 알고 있었다. 그렇기에 신앙을 이야기하는 방법을 배우는 것은 위험스럽지만 없어서는 안 될 것이었다.

바로 기독교 역사 초기부터, 일상생활에서 기독교 신앙을 말로 나타내는 것을 '증언(testimony)' 또 그런 사람을 '증인(witness)'이라고 불렀다. 이 단어들은 의미가 강렬하면서도 좋은 말들이다. 하지만 잘못 사용해왔기에 교정(矯正)이 필요하다. 종종 '증인'이나 '증언'은 그리스도인 공동 사회에서, 어떤 사람이 어떻게 그리스도인이 되었는지 직접 들려주는 이야기를 의미한다. 한 그리스도인이 "요전날 밤의 집회에서 나는 증언(간증)을 했어."라고 말한다면 그 말은 그녀가 어떻게 그리스도와 더 깊은 사귐을 갖게 되었는지를 이야기했다는 의미다. 이 말만 놓고 보면 '증언'의 의미는 너무나 좁아진다. 분명히 말해서, 개인의 회심과 장성의 이야기는 그것이 진실하고 겸손한 이야기라 할지라도 넓은 의미에서는 한낱 작은 부분일 뿐이다.

'증인'과 '증언'은 의미가 큰 말이다. 우리는 그 말이 가진 의미의 전체 범위를 되찾아야 한다. 두 말은 법조계에서 빌려온 것으로 법정에서 쓰는 말들이다. 법정은 재판에 대한 판결이 내려지는 공공장소이다. 현명한 판결을 내리기 위해서 법정은 사건에 대한 진실을 알아야 한다. 그래서 법정은 재판과 관계 있는 것을 보거나 들은 사람들을 부르고, 온전한 진실, 증언을 듣기 위해서 그들을 증인석에 세운다. 모든 것이 증인들의 정직성에 달려 있다. 만일 거짓말을 하거나 증언을 어떻게든 손상시키면 법정은 정상적인 판결을 내릴 수가 없다. 때문에 거짓 증언은 모든 사회에서 중대한 범죄로 다루어진다. 역으로 이 점이 증언을 신뢰할 수 있는 것으로 만들어준다.

무엇보다도 그리스도인들은 자신들이 가장 큰 법정에 선 것을 깨닫고 있다. 그 법정에서는 바로 현실의 본연의 모습이 논쟁이 되며 모든 것이 재판에 달려 있다. 우주가 사랑과 공의로우신 하나님의 피조물인가, 아니면 빈 공간을 떠다니던 차가운 암석들과 불타는 찌꺼기들이 목적도 없이 되는 대로 모아진 것인가? 인간은 하나님의 형상으로 창조되어 목적과 의미로 가득 찬 생명을 받았는가, 아니면 인생이 소음과 격정으로 가득 차 있는 아무런 의미도 없는 이야기인가? 인간은 어떤 깊은 목적으로 신뢰와 조화의 공동 사회에서 함께하도록 창조되었는가, 아니면 금수의 발톱처럼 우리를 움켜쥐려는 법이 우리의 운명인가? 아량은 미덕인가, 아니면 어리석음인가? 희생은 고귀한 것인가, 아니면 손해를 보는 것인가? 모든 것이 배심원 앞에 놓인다.

그리스도인은 이 재판이 열리는 법정에 진실을 말하기 위해 호출

되었음을 믿는다. 선지자 이사야는 하나님의 백성이 어떻게 이 우주적인 재판에 증인으로 호출되는지를 묘사했다.

"나 여호와가 말하노라 너희는 나의 증인, 나의 종으로 택함을 입었나니 이는 너희가 나를 알고 믿으며 내가 그인 줄 깨닫게 하려 함이라 나의 전에 지음을 받은 신이 없었느니라 나의 후에도 없으리라"(사 43:10)

우리는 교회를 성장시키기 위해서도 우리 자신을 경건히 보이게 하려고도 우리 편의 '승리'를 보장할 전략을 생각해내려고 증인석에 선 것이 아니다. 우리는 증인들이고, 우리의 목적은 오직 우리가 보고 들은 것에 대해 진실을 말하는 것이다. 일전에 소설가 레이놀드 프라이스(Reynold Price)가 세상은 이야기들로 가득 차 있다고 했다. 하지만 우리는 신뢰할 수 있는 진짜 이야기 한 가지를 간절히 원한다.

"우리는 무언가를 열망하며 떠들어대는 소리들—농담, 일화, 소설, 꿈, 영화, 연극, 노래—속에서 평생 수다를 떨거나 수다를 듣는 동안 참되다고 느껴지는 한 짧은 이야기에 만족하게 된다. 그 이야기는 '역사는 우리를 아시는 정의로우신 하나님의 뜻(History is the will of a just God who knows us)' 이다."

프라이스는 그리스도인들이 이야기로 가득 차 있는 세상에 있다고 말한다. 식당, 마트, 텔레비전, 학부모·교사 위원회 모임 등에서 사람들은 이야기를 한다. "수학능력시험에서 최소 몇 점 이상이 안 되면 일류 대학을 쳐다보지도 못한대." "○○ 주식이 분할될 거라는 말을 들었는데 투자하고 싶으면…" 하지만 헤아릴 수 없이 많은 이야기들은 하나의 이야기, 참된 이야기, 우리를 알고 사랑하시는 하나님의 이야기, 언약이 깨져버린 세상에 공의를 세우신 하나님의 이야기를 찾고 있다. 그리스도인은 그 이야기를 하기 위해 증인석에 선 것이다. 그 이야기가 있음직한 이야기이거나 유리한 증언이서가 아니라 참된 이야기이기 때문이다. 우리 자신들이 그 이야기를 경험했고 그 진실을 목격했기 때문에 참되다는 것을 안다. 이것이 우리가 증인석에 서서 진실을 말하겠다고 맹세를 하는 이유이다.

증인석에 들어서는 즉시 우리 그리스도인들은 안다. 우리가 이 재판의 제일 중요한 증인이 아니라는 것을. 재판의 가장 중요한 증인, 재판 전체가 좌지우지되는 증인은 다름 아닌 "충성된 증인"(계 1:5)이신 예수님이다. 그의 말과 행동 모두가 믿을 만한 증언이요, 우리를 사랑하셔서 구원하신 하나님의 증거요, 하나님 자녀의 신분이 된 우리의 증거요, 인생을 떠받쳐줄 수 있는 소망의 증거였다. 인간의 법정은 예수님의 증언을 기각하고서 간혹 달갑지 않은 증언이 있는 경우처럼 그 증인을 죽여버렸다(증인을 가리키는 그리스어가 '순교자'인 것은 우연이 아니다). 그러나 대 반전으로, 부활절에 하나님은 예수님을 일으키셔서 그의 증언이 정당한 것임을 인정해주셨다. 부활절은 예수님의 증언이 참되다는 선언이고, 그의 증언이 헛되지 않다는 선언이고, 그의 증언이 지금도 살아있다는 선언이다.

예수님은 참되고 충성스런 증인이다. 하나님의 백성으로서

그리스도인들은 보강증인이다. 사실상, 우리의 증언은 '예수님이 말하고 행한 것은 하나님의 진리요 인생의 진리입니다. 우리는 삶 속에서 이 진리의 능력을 입증할 수 있습니다.'이다.

내 친구 하이디 뉴마크(Heidi Neumark)는 미국의 극도로 가난한 동네인 사우스 브롱크스의 루터 교회에서 목사로 몇 년 동안 사역했다. 목사로서 맞은 첫 주일에 성찬대 밑에 성찬식 빵과 쥐약 상자가 나란히 놓인 것을 보고서 자신이 섬기는 교회가 어떤 교회인지를 이해하게 되었다. 회중의 지도자들 중에는 마약 중독자, 불법 체류자, 실직자, 최근에 노숙자가 된 사람들이 포함되어 있었다.

몇 해 전의 성(聖) 주간(Holy Week)에, 이 회중이 종려주일(부활절 직전의 주일로 예수님이 예루살렘에 입성하신 것을 기념)에서 부활절에 이르는 성(聖) 주간 전체를 수난 연극으로 재현하기로 결정했다. 살아 있는 당나귀를 빌리고 예수님 역을 맡은 배우가 이끄는 무리가 꾀죄죄한 가게와 낡은 아파트로 이루어진 구역을 '호산나!'를 외치며 긴 행렬을 이루어 행진하기 시작했다. 구역을 다 돌고 다시 교회당으로 돌아갈 때 이 행렬은 경찰의 야만적 행위에 항의하던 거리 시위대와 우연히 마주치게 되었다. 예수님과 항의자들, 회중과 거리의 군중, '호산나!' 외침과 사회적 격분의 고함이 소란 속에 뒤섞이는 기막힌 장면이 연출되었다. 거리를 지나던 사람이 그 혼란을 보고서 시끄러운 일이 일어날까봐 경찰을 부르기까지 하였다. 다행히 행렬은 예배당 안으로 들어오게 되었고, 연극은 계속 진행되었다. 안식일 다음 주의 첫 날 아침 일찍이 여자들이 무덤이 비었다는 놀라운 말과 아연실색할 소식을 가지고 돌아오는 장면.

"그는 살아나셨다!" 여자들이 가져온 이 소식을 제자들은 "근거 없는 이야기"로 치부했다. 대본에 따라 회중의 세 사람이 부활의 진실을 증언하기 위해 일어났다.

"나는 그 분이 살아계신다는 것을 '압니다.' 왜냐하면 그 분이 내 안에 살아계시기 때문입니다." 그러더니 그녀는 아버지에게서 어떻게 학대를 받았고, 어떻게 절망과 알코올중독에 빠졌는지, 어떻게 에이즈 환자가 되었는지를 이야기했다. 그녀는 교회의 환영에 마음을 열었고, 예배에 출석하기 시작했으며, 성경공부를 하기 시작했고, 조금씩 삶의 무덤에서 일어났다. 지금 그녀는 목사가 되려고 공부하는 신학생이다.

"예수 그리스도께서 내 안에서 그리고 나를 통해 사시기 때문에 이제 나는 살아있습니다. 나는 성령이 거하는 성전입니다."

그녀의 얼굴이 발갛게 타올랐다. 다른 두 증인들도 차례차례 일어났다. 각각 대본에서 맡은 부분 '나는 그 분이 살아계신다는 것을 압니다.'를 이야기했다. 연극 부분은 끝이 났고, 다음 순서를 진행할 시간이었다. 하지만 증언은 멈추지 않았다. 교회당 안에 있던 다른 사람들이 자발적으로 일어나기 시작했다.

"나는 그 분이 살아계신다는 것을 압니다. 왜냐하면 그 분이 내 안에 살아계시기 때문입니다."

노숙자, 마약 중독자였던 사람들, 아무것도 없는 사람들과 어찌할 바를 모르는 사람들이 하나둘 일어섰다. 예수님의 증언을 보강하는 증언을 하며, 부활절이라는 위대한 증언에 자신의 말을 보태며, 자신들이 보고 들은 바의 진리를 말하며 "나는 그 분이 살아계신다는 것을 압니다."라고 외쳤다.

✋ 연습, 연습, 연습

우리는 신앙을 이야기하는 방법을 미리 알고서 태어난 것이 아니다. 유용하면서 참된 증언을 하는 능력은 습득해야 하고 경험을 통해 익혀야 한다. 나이 열두 살에 성전의 지도자들을 감탄시킨 예수님조차도 충실하게 이야기하는 방법을 배웠다. 누가복음이 우리에게 상기시켜주는 것처럼, 다른 모든 충성된 사람들처럼 예수님도 지혜와 능력이 자라야 했다.(눅 2:40) 하나님에 대한 진리를 말하는 방법을 어떻게 배울까? 이것은 단지 경험들을 해보느냐의 문제가 아니다. 진리를 말하는 데는 경험뿐만 아니라 지식, 즉 의미를 이해하도록 도와주는 어휘와 일련의 범주들도 필요하다. 그리스도인들에게 교회는 지혜가 자라기 위한 배움의 환경이요, 모든 삶에 넘쳐나는 하나님에 대한 경험에 맞는 어휘와 적용 가능한 범주를 얻는 곳이다.

교회생활을 하는 우리는 하나님의 백성으로 말하고 행동하는 방법을 배우는 언어학교, 하나님 백성의 어휘와 풍습을 습득하려고 노력하는 언어학교에 있는 것이다. 우리는 하나님 나라를 향해 여행을 하면서 배운 표현들을 써보고, 음식을 먹어보고, 그 행선지의 지역 풍습을 익히고 있다. 그러므로 우리는 교회에서, 교회가 아니면 꿈도 못 꾸었을 말과 생활 방식을 습득한다. 단지 교회 용어와 생활 방식이 아닌, 매일 모든 곳에서의 우리의 생활이 순례여행이 되게 하는 말과 생활 방식을 습득한다.

예를 들어, 교회학교에서 어린이들이 찬송을 배운다. '예수님은 어린아이들을 사랑하시네. 세상의 모든 어린아이들을 사랑하시네. 빨강, 노랑, 검정, 하양, 예수님 보시기에는 모두가 사랑스럽다네.' 아이들은 단지 주일학교 노래를 부르고 있는 것이 아니라, 다양한 문화와 종교와 민족이 있는 세상에서 하나님 백성으로 말하고 행동할 준비를 하고 있는 것이다. 매 주일마다 시편을 노래할 때면 회중에게는 본연 그대로의 모든 인간 감정을 어루만지는 어휘가 어김없이 찬양이 되어 나온다. 그렇게 하는 가운데 예배를 통해 세상에서 정직하게 거짓 없이, 말하는 방법을 훈련받고 있는 것이다. C. S. 루이스(C. S. Lewis)는 이렇게 말했다.

"영혼의 활력이 들을 수 있게 되어 나오는 것이 찬양이다."

몇 해 전, 어느 추운 토요일 아침에 나는 오래 알고 지낸 친구를 마지막으로 만났다. 크리스마스를 바로 앞둔 주말이었다. 그 친구는 절친한 친구들과 호스피스의 간호 속에 병실에 누워 있었다. 나는 사람들의 배려 속에 친구와 단둘이 남게 되었다. 할 말이 별로 없었다. 이번이 그의 마지막 크리스마스라는 것을 우린 둘 다 알고 있었다. 진통제를 썼음에도 불구하고 그는 끊임없이 통증에 시달리고 있었다. 피부는 잿빛인 데다 얼굴은 병색에 찌들어 비명을 지르는지 미소를 짓는지 분간이 잘 안 될 정도였다. 우리는 거의 말이 없었다. 어색한 침묵이 아니라 오랜 친구 간에 고요하게 하는 작별인사였다.

갑자기 아래층에서 웅성거리기 시작했다. 그의 교회에서 크리스마스 캐럴을 부르러 성가대가 온 것이었다. 노래가 시작되었다. 처음에는 작은 소리였다. '보라, 하나님의 사랑을 보여 주는…' 성가대가 천천히 계단을 올라오는 동안 친구와 나는 서로를 바라보았다. 노래 소리가 점점 가까워지면서 커졌다. '장미가 어떻게 피었는지…' 성가대가 문간에 나타났다. 아직 오지 않은 '새벽'까지 괴로운 시간을 견디며 죽음의 어둠으로 잠겨가던 친구가 눈물을 보여주지 않으려고 고개를 돌렸다.

"한밤중에 우리를 위한 구주가 나셨도다."

이 성가대의 구성원들은 오랫동안 함께 찬양을 해온 사람들이었다. 연습을 위해 셀 수도 없이 만나 노랫말과 곡조, 박자와 의미, 찬양의 수많은 표현 방법들을 익혀온 사람들이었다. 교회의 '언어학교'에서 훈련을 받아온 이들이었다. 그리스도인으로서, 인간으로서 그들은 '밤은 깊고 갈 길은 멀다.'는 의미를 알고 있었고, 죽어가는 사람을 향해 계단을 올라가며 '즐거운 크리스마스가 되길 빌어요.' 같은 명랑하고 유쾌한 노래는 부를 것이 못 된다는 것을 알고 있었다. 기뻐하기 위해서뿐만 아니라 슬퍼하기 위해서 참되고 소망적인 노래가 필요하다는 것을 알고 있었다. 그래서 그들은 하나님의 사랑이 이 땅에 나신 노래를 불렀던 것이다.

때로는 확실한 실패를 통해 그리스도인으로서 말을 하는 데 필요한 지혜가 얻어진다. 1930년대에 독일의 신학자 디트리히 본회퍼(Dietrich Bonhoeffer)는 핀켄발트(Finkenwald)에 있는 작은 신학교의 교장으로 사역하고 있었다. 그는 교직원들과 학생들 모두에게 공동체에서 함께 살아가는 그리스도인들 간에 대화하는 방법에 대한 놀랄 만한 규칙을 내놓았다. 복음을 드러내는 공동체에서는 어느 누구도, 그 의도가 좋고 도움되는 것일지라도, 다른 형제에 대한 말을 몰래 해서는 안 된다고 했다. 서로에 대해 말할 때는 공개적으로 그 사람이 듣는 자리에서 진실하게 해야 한다고 했다.

생각해보자. 만일 본회퍼의 규칙이 오늘날 그리스도인들 가운데 지켜진다면 떠벌이는 이야기도 없을 테고, 다른 사람들에 대한 비밀스런 수군거림도 없을 테고, '까다로운' 사람들을 다룰 묘안을 찾으려는 모임도 없을 테고, '상황이 어쩌고 어쩌니 그를 위해 기도를 해야 할 것 같아요.'라는 식으로 시작하는 대화도 없을 테고, 직장 상사가 '단속만 하려드는 사람'인지 아닌지로 추측이 난무한 커피 시간도 없을 것이다. 우리 가운데 누가 그것을 지킬 수 있겠는가? 우리 일상 대화의 많은 부분이 사라지게 될 것이다.

열심히 노력했지만 본회퍼의 신학교 공동체 구성원들도 그 규칙을 지킬 수 없었다. 하지만 노력하고, 실패하고, 다시 노력하는 과정을 통해 그 공동체의 구성원들은 말이 지닌 건설적인 힘과 파괴적인 힘을 깊이 통찰하게 되었고, 공동체에서 일상대화를 나눌 때 다른 사람들을 다시금 존중하기 시작했다. 본회퍼의 전기를 쓴 에버하르트 베스지(Eberhard Bethge)는, 이 규칙을 따라 살기 위한 시도와 그것이 실패했을 때 다시 해보려는 결심으로 인해 핀켄발트의 학생들과 교직원들은 거의 설교와 성경공부를 통해 배우는 것만큼이나 많은 것을 배웠다고 말했다.

본회퍼의 대화 규칙을 지키려고 노력하면서 하루를 보내는 핀켄발트의 신학생이든지, 다음 주일의 찬양을 연습하며 그 과정에서 소망스런 슬픔에 담긴 힘을 배우는 성가대 등을 통해서 알 수 있듯이 기독교 신앙의 진리, 즉 기독교는 삶의 방식이라는 진리를 다시 한번 깨달을 수 있다. 그리고 우리는 그리스도인 공동체의 생활에 동참함으로써 그리스도인이 되는 법을 배운다. 어떤 사람이 밸브와 파이프를 본 것만으로 배관공이 될 수 없는 것처럼 기독교 교리에 관한 책을 읽었다고 해서 그리스도인이 될 수는 없다. 배관공이 되려면 다른 배관공들에게서 접합 부분을 용접하고 수도꼭지를 다시 만들고 그런 다음 개수대 밑으로 기어들어가 작업을 하는 방법을 배워야 한다. 같은 방식으로, 그리스도인 공동체 안에서 함께 일하면서 배우고, 예배드리고, 섬기고, 이야기를 나누고, 어울림으로써 그리스도인 방식으로 말하고 생각하고 행동하는 방법을 배우는 것이다.

기독교가 다른 그리스도인들과 어울리는 가운데 습득되는 삶의 방식이라는 생각은 처음 대했을 때는 얼른 이해가 된다. 그러나 이내 우리 문화 속에서 종교를 받아들이는 방식과는 충돌을 일으킨다. 이것이 여론 조사원들이 유대인 회당, 교회, 회교 사원 등 다른 종교의 예배당에 출석하는 사람 수보다 항상 더 많은 수의 신앙인들을 만나는 이유이다(북미의 대부분의 사람들이 하나님을 믿는다고 하지만 예배에 정기적으로 참석하는 수는 훨씬 적다).

그러면 그리스도인이라는 것은 무슨 뜻인가? 어떤 이들은 그리스도인은 장로교인, 천주교인, 감리교인 등 교회에 속한 사람이라고 할 것이다. 어떤 이들은 더 깊이 들어가 그리스도인은 확신하는 것을 믿는 사람들이라고 말할 것이다. 하나님이 그리스도 안에 계셨다, 무덤은 비어 있었다, 예수님은 구세주이시다 등등. 하지만 우리가 주장해 왔듯이, 속한 곳과 믿는 것은 중요한 것이지만 그리스도인을 설명하는 유일한 방법은 아니다. 그리스도인은 일정한 삶의 방식을 추구하는 사람이다. 이 삶의 방식은 확신을 동반하고, 다른 사람들과 함께해서 이뤄내는 것이지만 확신과 소속은 그리스도인들이 그런 삶을 사는 가운데 강해지고 표현되어 나온다.

내 아들은 고등학교 크로스컨트리 경주의 선수다. 아들은 지역 교구를 향해 교인이 품고 있을 만한 그런 열성을 크로스컨트리 팀에 갖고 있다. 게다가 아이의 크로스컨트리 활동에는 영양, 훈련에 대한 일련의 확신이 필요하다. 예를 들면, 경기 전날 밤에 탄수화물 음식을 먹으면 여분의 힘이 비축되고, 부상 방지를 위해서는 경기 이후의 휴식 기간이 중요하다고 생각한다. 하지만 이 팀에 속해 있고 어떤 신념을 가졌다고 해서 선수가 되는 것은 아니다. 아이가 선수가 되는 것은 달리기 훈련을 통해서이다. 아이는 팀의 다른 선수들과 함께 특별한 생활 방식을 따른다. 아이는 아침 동틀 무렵에 다른 주자들과 만나 십여 킬로를 뛴다. 특별식을 먹고, 단맛의 탄산음료는 마시지 않고, 경기 전에는 일찍 잔다. 아이는 이 생활 방식을 코치와 선배들로부터 배워 자기 것으로 만들었다. 고등학교 앨범에 나와 있는 팀의 사진은 아이가 그저 팀의 일원이라는 것만 보여준다. 아침 다섯 시 반에 일어나 팀 동료들과 십여 킬로를 달리면서 아이는 선수가 되었던 것이다.

기독교도 삶의 방식이고 일련의 연습이다. 이러한 연습은 우리가 확신하는 것이 있어야 할 수 있고 이 연습을 통해 우리의 확신은 더욱 구체화되며 우리는 다른 그리스도인들과 함께 이 연습을 한다. 하나님에 대해 이야기하는 것, 곧 증언을 하는 것도 이러한 연습의 한 가지다. 하나님을 이야기하는 것은 신앙에 대해 마음에 떠오르는 대로 단순히 입을 열어 말하는 것과는 다른 의미다.

근래의 TV 상업광고 중에 침묵의 서원을 한 수도사들이 서원을 했음에도 불구하고 각자의 관심사를 놓고 서로에게 무언의 즉석 메시지들을 보내느라 컴퓨터를 사용하고 있는 수도원을 묘사한 광고가 있었다. 재치 있으면서도 진실과 맞닿는 광고였다. 그리스도인 공동체는 복음을 전하는 데 가장 적합한 통신의 형태, 즉 무엇을 말하고 그것을 어떻게 말할 것인가를 항상 실험해왔다. 예를 들면, 초기 수도

원 운동에서 수도사 공동체들은 명상과 기도의 생활에 전념했다. 이런 수도사 공동체들 중 일부는 말을 할 때는 아주 부드럽게, 웃지 않고, 겸손하게, 근엄하게, 적은 말과 이치에 맞는 말로 해야 한다. 그리고 말할 때 거칠어서는 안 된다. 이 말은 그리스도인은 절대 웃으면 안 된다거나 그리스도인의 말은 항상 근엄해야 한다는 의미가 아니다. 이 말이 의미하는 바는 수도원에서 주어진 상황, 수도사의 맡은 일, 겸손하고 조용한 언사가 복음을 전달하는 데에 최선책이라는 것이다. 크로스컨트리 경기 전에 탄수화물 음식으로 식사를 하는 것과 같다. 그것은 훈련의 일부고 연습의 일부다.

하지만 우리의 상황에서는 이 연습을 어디에서 어떻게 하는가? 다행히도 우리는 이 일을 홀로 할 필요가 없고, 신앙적인 말을 하기 위해 고결해질 필요도 없다. 신실하게 말을 하는 방법은 교회에서 우리가 함께 배우는 것이다. 그리스도인들은 이천 년 동안 신실하게 말하고자 노력해왔고, 그동안 지혜들이 축적됐다. 그리스도인의 언어학교는 다름 아닌 그리스도인의 예배이다. 다음 장에서 그것에 대해 알아보자.

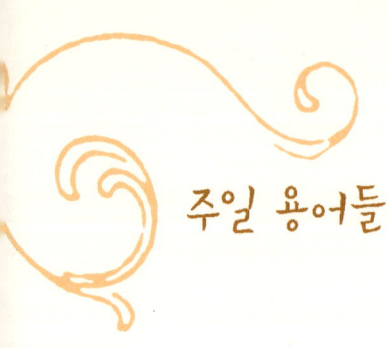

주일 용어들

전설적인 민요 가수 랠프 스탠리가 몇 년 전에 두 장짜리 컨트리뮤직 음반을 냈다. 한 장의 제목은 〈토요일 밤〉이었고 다른 한 장의 제목은 〈일요일 아침〉이었다. 두 음반은 구성이 아주 달랐다. '토요일 밤'이 열심히 일하는 것, 자녀들을 기르는 일, 즐거움에 대한 추구, 가슴 아픈 일, 술 마시지 않으려는 노력, 부모님을 보살펴드리는 일, 배신당한 일로 인한 고민, 삶의 길에 대한 모색, 죽음을 마주하는 일 등과 같은 '실제' 생활에 대한 것인 반면, 〈일요일 아침〉은 '설교, 기도, 찬송'에 관한 것이었다.

안타깝게도 우리 대다수는 생활을 항상 이렇게 나누어 생각하고 있다. 한쪽이 신앙적인 부분이라면 다른 쪽은 '그저 사람이기를 힘쓰며 생활을 꾸려가는' 부분이다. 우리는 예배를 드리고, 찬송을 부르고, 기도를 드리고, 설교를 듣고, 그런 후 실제 세상으로 돌아온다. 세상은 생활의 세속적인 일들을 다루어야 하고 타협을 하고 어려운 선택을 해야 하는 곳이다.

그렇지만 교회 밖에서 우리의 신앙을 말로 나타내는 능력은 많은 부분이 "일요일 아침"과 "토요일 밤" 사이의 관계, 우리가 예배에서 하는 말과 나머지 여섯 날 동안 하는 말들 사이의 관계를 이해하는 데에 달려 있다. 물론 그리스도인의 증언이 반드시 만찬 파티에서 설교를 인용한다거나, 아이들의 야구경기에서 휘파람으로 찬송을 분다거나, 업무회의에서 바울의 서신을 읽는다는 의미는 아니다. 주일 예배와 나머지 여섯 날들의 관계는 그보다도 훨씬 미묘하고 복잡하다. '월요일에서 토요일까지의 세상'의 모든 국면이 이미 예배와 기도와 찬송과 설교에 들어가 있다는 것을 깨달아야 한다.

마찬가지로, 주일 예배의 중심적인 진리인 살아계시고 활동하시는 하나님의 존재는 정찬 파티, 어린이 야구경기, 업무회의에서도 역시 진실하다. 하나님이 일주일 중 가장 좋아하시는 시간이 반드시 주일 아침인 것은 아니다. 하나님이 교회만을 사랑하시는 것도 아니고 성전에만 계시는 것도 아니다.

하나님은 세상 전체를 사랑하시고, 예수님은 그 세상 전체에 살아계신다. 화요일 오후도 주일 아침만큼 성령 충만한 시간이다. 훌륭한 예배는 우리가 매일의 생활을 사는 방법을 변화시킨다. 하지만 우리가 살고, 일하고, 먹고, 쉬고, 노래하고, 춤추고, 소비하고,

다른 사람들과 어울리고, 소망하고, 애통해 하고, 다투고, 웃는 방식들도 역시 예배에 영향을 주고 예배를 변화시킨다. 즉 '일요일 아침'과 '토요일 밤' 사이의 상호관계를 이해하면 우리는 세상에서 실제 생활을 하는 사람으로서 예배를 드리는 것과 하나님과 경건한 관계 속에 있는 사람으로서 사는 것이 둘 다 가능해진다.

주일과 여섯 날 연결하기

물론 대부분의 그리스도인들은 주일과 나머지 여섯 날들이 분리되어 있지 않다는 것을 안다. 우리는 주일의 예배와 우리의 정체성이 나머지 여섯 날을 사는 방식들과 유기적이고 아주 중요하게 연결되어 있음을 안다. 하지만 그 연결을 어떻게 설명해야 하는가? 그리스도인들은 흔히 "예배는 내가 한 주를 헤쳐나가도록 도와준다. 주일에 드리는 예배가 없으면 월요일부터 토요일까지 견뎌낼 수 없다."라든지 "나는 예배를 통해 영적으로 충전된다."와 같은 말을 할 것이다. 물론 맞는 말이다. 예배를 통해 우리의 영적 상태가 최적으로 향상되고 분발될 수 있다. 그리고 예배를 통해 현실적인 생활의 문제들을 해결할 힘을 얻기도 한다. 하지만 예배를 대체로 평일의 세상에 나가 삶의 짐을 짊어질 수 있는 영적 힘을 얻으려는 일종의 원기를 북돋우는 거룩한 집회로 생각한다면 극히 피상적인 생각이다.

예배는 우리에게 영감을 줄 뿐만 아니라 우리를 변화시킨다. 우리가 사는 방식을 변화시키고, 우리가 삶의 도전을 바라보는 방식을 변화시키고, 우리에게 진실로 문제되는 것을 변화시키고, 우리가 자신과 다른 사람들을 이해하는 방식을 변화시킨다. 만일 예배가 단지 우리가 "계속하는 것을 계속"할 수 있도록 힘을 주는 방편이라면 예배는 이미 살고 있는 방식을 영속시키기 위한 수단으로 너무나도 쉽게 축소되어버리고 만다. 하지만 예배는 영적 동기부여를 위한 것만이 아니다. 예배는 시각과 청각과도 관계된 것이어서 우리에게 세계를 바라볼 새로운 눈과 귀를 주고, 우리로 하여금 새롭게 들을 수 있게 해주고 전에 말할 수 없었던 것을 말할 수 있게 해준다. 다르게 보고 다르게 듣는 것은 다르게 사는 것이고 그 변화에 따라 그리스도인은 생각하고 느끼고 결정하고 행동하는 방식을 달리하게 된다.

그러면 어떻게 해서 주일의 예배와 나머지 여섯 날의 생활 사이에 있는 연결을 더 잘 이해할 수 있을까? 첫째, 여섯 날과 주일의 관계를 단순하게 연속적으로 생각하는 경향을 바꿔보자. 우리는 첫날은 주일(예배를 드리는 날)이고 그 다음에는 월요일(근무가 시작되는 날)이 이어진다고들 생각한다. 일주일의 요일들이 마치 달걀판 속에 든 달걀들처럼 모두 각자의 칸 속에 줄지어 있다.

하지만 예배의 날로서 주일과 나머지 날들과의 관계는 단지 하나의 연속이 아니라 '깊이'의 문제다. 주일은 일주일의 핵심이고 모든 요일 중의 요일이며 모든 날 속에 깊게 감춰져 있는, 참된 진리를 드러내는 날이다. 즉, 하나님이 모든 날과 모든 시간의 주재이신 여호와라는 것을 보여주는 날인 것이다.

양자 역학의 아버지 물리학자 닐스 보어(Neils Bohr)는 어렸을 때 고향집의 연못을 지켜보다가 처음으로 우주의 성질에 대해 어렴풋이 알게 되었다고 말했다. 하루는 물고기를 지켜보고 있다가 불현듯 정작 물고기들은 자신들을 누군가 지켜본다는 것을 모르겠지 하는 생각이 들면서 움찔했다. 물고기들은 연못 밖의 실재는 전혀 알지 못할 테니까. 연못 밖에서 물고기들에게 쏟아져 들어가는 햇빛은 단순히 연못 내에 포함되어 있는 조명 정도겠지. 비가 올 때조차도 물고기들은 비를 외부에서 오는 사건으로 보지 않고 연못이라는 환경에 포함된 잔물결과 물 튀김으로만 볼 테니까. 보어는 인간이 참고할 수 있는 한정된 틀 속에서만 느낀다는 점은 물고기들과 같지 않을까 생각했다.

만일에 주일의 예배가 삶의 연못가에 눕는 기회이어서 월요일에 보고 듣는 것이 연못 안에 일어나는 사건처럼, 실제로는 다른 영역에서 오는 간접적인 현상이라는 걸 깨닫는다면 어떨까? 우리가 만일에 주일의 감각을 지닌 채 월요일 아침에 일어나서 그동안 월요일의 눈과 귀로는 알 수 없었던 것, 즉 하나님이 삶의 모든 영역에 계시고 일하시는 것을 보고 들을 수 있다면 어떨까? 그러면 '일요일 아침'과 '토요일 밤'을 두 개로 나누어진 영역으로 말하지는 않을 것이다. "주일에는 예배드리러 교회에 가고, 그러고 나서 '실제의 세상'으로 돌아온다."와 같은 말 또한 그렇게 쉽게 하지 않을 것이다.

신학자이자 목사인 윌리엄 H. 윌리먼(William H. Willimon)의 말처럼 이 표현은 거꾸로 되어야 한다. 예배는 '실제의 세상'이다. 가장 심오하게 말하면, 예배는 세상이 충만하고 명료한 본연의 실체로 확실히 보이는 동안 그 세상으로 들어가는 길이고, 진실로 참된 것을 듣고 보고 경험할 수 있는 곳이며, 바깥 세상의 환상을 깨주는 곳이다.

이 생각을 통해 우리는 주일 예배와 나머지 날들을 연결하는 두 번째 방식을 얻을 수 있다. 우리는 예배가 '월요일에서 토요일까지의 세상'이라는 연극을 위한 일종의 총연습이라는 것을 알 수 있다. 기도, 찬송, 설교는 단지 예배의 의식만이 아니라 우리가 나머지 날 동안에 말하고 행할 것을 내다보고 구상해준다.

일리노이 주 시골에 있는 가나 루터 교회에서의 첫 목회를 회고한 《공공연한 비밀(Open Secret)》에서 리처드 리쉬(Richard Lischer)는 우리가 어떻게 주일 예배를 통해 세상에서 일하면서 할 말과 행동을 연습하는지 이렇게 적고 있다.

"가나에서 우리는 우리 교회의 가장 좋은 창문으로 들어오는 빛을 받으며 아기들에게 세례를 주고, 결혼을 축하하고, 죽음을 슬퍼하고, 거룩한 성찬을 행하였다."

리쉬가 '우리 교회의 가장 좋은 창문'이라고 한 것은 그 교회가 시카고에 있는 공방의 상품 목록을 보고 주문해, 제단 위에 높이 설치한 스테인드글라스 창문이었다. 이 아름다운 창문은 그 그림 속에 삼위일체 교리의 진지한 의미를 담고 있었다. 창문의 한가운데에는 '하나님'을 가리키는 라틴어 단어 '데우스(Deus)'가 적힌 삼각형이 있었다. 그리고 성부 성자 성령을 가리키는 '파테르(Pater)', '필리우스(Filius)', '스피리투스 상투스(Spiritus Sanctus)'가 삼각형을 둘러싸고 있었다. 그리고 삼위 하나님 사이를 연결해주며 그 상호관계를 나타내는 선들이 있었다. 리쉬는 이 창문에 그어진 선들을 '작은 대로(大路)'라고 불렀다. 주일마다 가나 루터교회는 하나님의 생명의 작은 대로를 통해 내리는 빛 속에서 예배를 드렸다. 사람들은 예배를 드리면서 '월요일부터 토요일' 자신들의 생명의 작은 길들이 그 성스러운 도안의 의미처럼 반영된 것이라는 걸 이해하기 시작했다고 말했다.

'우리는 저 창문에 그림으로 표시된 하나님과 우리의 친목과 사귐 사이에는 일치되는 점이 있다고 믿었다.' 한 항공 사진작가가 이런 말을 한 적이 있다. 공중에서 보면 화성 표면의 줄처럼 생긴 작은 길들을 볼 수 있는데, 농장 사이의 목초지와 들판을 종횡으로 가로지르는 이 작은 길들은 이웃들끼리 서로 필요할 때에 돕거나 방문하면서 자손 대대로 밟고 다녀 생긴 길이었다. 이 작은 길들은 인간관계 속에 판박이 된 성부와 성자와 성령 사이를 나타내는 대로(大路)와도 같은 것이다.

◎ 예배를 통한 모임

예배와 나머지 날들의 생활과의 연결은 우리가 억지로 해야 하거나 할 수 있는 것이 아니다. 연결은 이미 되어 있기에 우리가 그것을 보고 연결의 중요성을 깨달을 수 있어야 한다. 예배와 생활이 서로 어떻게 작용하는지, 예배를 위해 모이는 순간을 생각해봄으로써 알아보자.

모임이 이루어지는 모습은 교회마다 다르다. 간단히 말해서, 예배의 첫 단계로서 모임에는 예배를 드리러 오는 회중과 목사가 등장한다. 이 부분이 아주 비공식적일 수도 있고 심지어는 임의적일 수도 있다. 사람들은 예배당에 도착하면 자신들이 평소 앉던 자리나 안내인이 안내해주는 자리로 간다. 어떤 교회에서는 사람들이 커피 탁자 주위로 모여들어 그간의 이야기들을 나누다가 예배를 알리는 종이 울리면 예배구역으로 움직인다. 또 어떤 경우는, 성가대와 목사가 강단 위의 자리를 향해 중앙 통로를 엄숙하게 걸어가는 형식으로 모임이 시작된다. 예배를 이끄는 사람이 기운차게 '안녕하세요!' 또는 '예수 그리스도의 이름으로 여러분에게 은혜와 평강이 있기를 빕니다!' 라고 말함으로써 예배의 시작을 알릴 수도 있다. 그러나 그 세부적인 차이에 상관없이 사람들은 각자의 거처에서 예배를 드리기 위해 온다. 사람들은 떨어져 살던 각자의 생활에서 공동의 예배처소로, 회중이 아닌 상태에서 하나의 회중으로 옮겨온다.

회중은 다양한 사람들로 구성되어 있다. 많은 그리스도인들이 인근의 교회에서 예배를 드리거나 배경이 대체로 비슷한 교회에서 예배를 드리려고 하는데 그렇게 모인 교회들마다 다양성이 나타난다. 이런저런 설명 필요 없이, 다음 예배 시간에 주위를 한번 둘러보라. 그러면 거의 확실히 어떤 상황에서도 함께 있을 것 같지 않을 사람들이 최소한 대여섯 명 정도는 눈에 띌 것이다. 마찬가지로 다른 사람들도 여러분 쪽을 보고서 같은 말을 하리라고 짐작할 수 있다. 교회는 그저 동호회나 친목 파벌이 아니다. 즉 모인 회중은 다분히 하나님 나라의 작은 세계, 하나님이 불러 함께 모으신 다양한 인간성의 작은 본보기들이다.

그렇게 예배를 위해 모인 사람들이 우리들이다. 개와 고양이를 보살펴주는 수의사도 있고, 비디오 가게에서 일하는 아이도 있고, 마트 계산대에서 일하는 여자도 있고, 지역의 중학교 교장도 있고, 멀리서 차를 타고 오는 부부도 있다. 어느덧 우리는 개별적인 사람들이 아니라 하나님 백성의 모임이 되고 나는 이 모든 사람들과 관계를 맺고 있다. 예배 밖에서는 이 사람들 중 어떤 사람들과는 거의 아는 바 없이 지내고, 예배 밖에서도 알고 지내는 사람들도 있지만 그 관계가 다 기분 좋고 즐거운 것은 아니다. 우리 집에서 일을 반만 끝내고 가버린 정원사가 있는가 하면, 지난번 선거에서 내가 반대표를 던졌던 국회의원도 있고, 내 아들에게 낙제점을 준 역사 선생도 있다. 예배에서는 어깨를 나란히 하고 있지만 생활에서는 그렇지 못한 애매하고 이상야릇한 무리다.

하지만 예배를 통해 나는 이 사람들의 모임을 새로운 눈으로 바라보아야 한다. 예배를 통해 나는 이 사람들을 내가 모으지 않았음을 깨닫는다. 하나님이 모으셨다. 나에게 요구되는 것은 모인 모두를 믿음 안에서 형제자매로 보는 시각이다. 더 나아가서 이 세상 모든 사람들을 하나님이 아주 사랑하시는 사람들, 하나님의 형상으로 지음받은 사람들, 거룩한 나라의 시민으로 보아야 한다. 동시에 이들이 실생활에서는 온갖 문제로 끙끙대는 아주 평범한 사람들이라는 것도 잊지 말아야 한다.

예배를 통해 우리는 다른 사람들을 이런 두 가지 시각으로 보게 된다. 우리 자신들을 포함해 모든 사람들이 흠 있고 부서진 사람들이지만 동시에 하나님이 지으시고 택하시고 사랑하시는 사람들이다. 그런 시각은 연습이 필요하기 때문에 우리는 매주 예배를 드린다. 이런 시각을 갖는 데에는 가르침이 필요하고, 반복이 필요하고, 연습이 필요하다.

일단 예배를 통해 다른 사람들을 하나님의 보물로 보게 되면 우리는 비디오 가게의 소년이나 마트의 출납원을 이전의 방식으로는 더 이상 볼 수 없게 된다.

유명한 작가가 된 토머스 머튼(Thomas Merton)은 긴 기간을 켄터키 수도원에서 보낸 트라피스트회 수사였다. 어느 날 그는 루이스빌의 중심가를 들르게 되었는데 이 생활의 현장에서 그는 갑자기 예배의 고동을 느끼기 시작했다. 그는 그 때를 이렇게 적었다.

"루이스빌의 쇼핑중심지역에서 나는 갑자기 우리가 비록 완전히 낯선 사람들이지만 내가 이 모든 사람들을 사랑하고, 그 사람들 속에 내가 속했고, 내 속에 그 사람들이 있으며, 우리는 서로 이방인일 수 없다는 것을 깨닫고서 그 느낌에 완전히 압도당했다. 내가 인간이라는 것이, 하나님 그 분이 성육신하신 그 인류의 일원이라는 것이 말할 수 없이 기뻤다. 마치 인간의 슬픔과 어리석음이 사라져버린 냥 나는 우리가 진실로 누구인지를 깨닫는다. 모두가 이것을 알 수만 있다면 얼마나 좋을까! 하지만 이것은 말로는 설명이 안 된다. 사람들에게 그들이 해처럼 빛나는 존재임을 납득시켜줄 방법이 없다니!"

예배로 인해 사람들을 새롭게 볼 수 있게 되었기 때문에 머튼은 루이스빌 거리에서 환상을 보는 듯한 경험을 한 것이다.

하나님의 사운드트랙

예배의 모든 면에서 진실인 것은 말에서도 진실하다. 예배에서 우리가 말하는 방식은 우리가 나머지 날들의 생활에서 말하는 방식에 영향을 준다. 그리고 그 반대도 일어난다. 예배를 드리면서 삶에 대한 슬픔과 기쁨이 가득한 고백 없이는 충실하게 기도를 드릴 수 없고 충실하게 찬양을 드릴 수도 없다.

말했듯이, 예배는 교회의 삶을 위한 "언어학교"에서 가장 중요한 요소이다. 예배의 언어로 성전 밖에서도 우리의 증언을 만들어내야 하는 것이다.

최근에 한 친구가 늘 그러려니 하면서도 짜증이 나는 월요일 아침 꽉 막힌 출근길의 경험을 적어 보냈다. 기분을 바꾸고 싶었던 친구는 가족과 함께 스코틀랜드로 휴가 가서 에든버러의 성(聖) 자일스 성당을 들렀을 때 사온 테이프를 틀었다. 바흐의 〈오, 거룩하신 그 머리〉

를 편곡한 성 자일스 성당 성가대의 합창이 차 안에 울려퍼졌다. 그 위대한 찬송의 가사가 빵빵거리는 경적소리와 부릉거리는 차 소리에 섞여 들렸다.

'죄인들의 죄로 인해 주님이 형벌을 받으셨네. 내가 받을 죽음의 고통을 주님이 대신 받았네. 내 구주여! 저를 받으소서.'

아주 익숙한 이 찬송은 이제 출근길의 꽉 막힌 차 안에 앉아 있는 이 친구가 갑자기 주변을 다르게 인식하도록 해주었다.

"교통체증 상황에서 내 옆의 고급차에 타고 있던 여자는 자동차의 거울을 들여다보며 입술 화장을 고치고 있었지. 그런데 음악이 내 의식을 파고들었네. '내가 받을 죽음의 고통을 주님이 대신 받았네.' 별안간 예수님은 나뿐만 아니라 저 여자를 위해서도 죽으신 것이구나 하는 생각이 들지 않겠나! 그러자 그 여자에 대해 거북했던 마음이 사라지더군."

물론 찬송의 가사는 차 뒷자리에서 방방 뛰고 있는 아이들을 둔 부부라든지, 별스런 옷차림을 하고 조깅하는 사람이라든지, 길을 가며 만나게 되는 사람들에 대해서도 다른 느낌을 갖게 했다. 그 아침 친구는 성가대가 부른 '내가 받을 죽음의 고통을 주님이 받았네.'라는 가사를 통해 '예수님이 나를 위해 죽으셨구나!'에서 나아가 '저 사람들을 위해서도 죽으신 것이구나!' 하는 것을 깨달았다.

직장에 도착한 친구는 찬송과 자신 주변의 세상이 맞물리던 출근길의 경험을 곰곰이 생각해보았다. 친구는 그 생각을 이렇게 적었다.

"신앙이 있다는 것은 어찌 보면 특별한 사운드트랙을 갖고 있는 것이지 싶네. 항상 그 즉시 알아채지는 못하지만 모든 여타 경험들 아래에서 아련히 들려오는 노래를 처음으로 듣게 되는 것이지 싶네. 우리가 노래를 주의해서 듣게 될 때 변화가 일어나는 것이지. 그 변화로 우리는 세상과 그 속에 살고 있는 사람들을 하나님이 보시는 것처럼 볼 수 있게 되는 것이지."

예배를 나머지 여섯 날을 위한 사운드트랙으로 보고, 교회에서 드리는 예배의 말과 노래와 행동이 우리가 세상에 나가 사는 동안 배경으로 깔린다는 생각은 기발하다. 그런 일은 항상 일어난다. 목사님이 주일 설교에서 '하나님의 은혜는 삶이 엉망이 되어버렸을 때 나타납니다.' 한다. 저녁에 슬픈 소식을 전해온 전화를 받고 나면 그 말이 다시 생각난다. 주일에 우리는 '전능하신 하나님, 모든 사람의 마음을 아시고, 모든 생각을 아시는 하나님께는 비밀이 숨겨질 수 없습니다.'라고 기도한다. 힘든 하루를 보내고 집에 돌아와 외롭고 답답한 목요일이면 우리는 그 기도를 되살리며 하나님은 우리를 진정 다 알고 계시되 저 깊은 곳까지 알고 계신다는 확신 속에 기운을 내게 된다.

◎ 예배드리기와 말 배우기

시편 19편에는 예배의 말과 일상생활의 말 사이에 있는 관계가 잘 나타나 있다. 이 시편을 연구한 성경학자들 대부분이 아주 잘 만들어진 조각이불과 아주 엉망으로 뒤섞여버린 헝겊 뭉치를 동시에 보는 것 같다고들 한다. 시편은 자연 속에 계시는 하나님에 대한 찬송으로 시작된다(하늘이 하나님의 영광을 선포하고). 그리고는 갑작스럽게 성경의 지혜를 찬송하는 쪽으로 옮겨간다(여호와의 율법은 완전하여). 그리고는 전혀 다른 찬송의 내용으로 다시 한번 더 옮겨간다(여호와여 내 입의 말과 마음의 묵상이 주님 앞에 열납되기를 원하나이다). 이 시편의 세 부분은 서로 다른 시적 구성을 가지고 있고, 성격이 서로 다른 어휘들을 썼으며, 서로 다른 역사 시기를 배경으로 작성된 것처럼 보인다.

그렇지만 뒤로 물러나 이 19편을 전체적으로 보면 처음에는 뿔뿔이 흩어져 보였던 조각들 속에서 통일성을 찾을 수 있다. 전체적으로 보면 이 시편은 말에 대한 내용으로 되어 있다. 시편은 하나님을 이야기하는 자연에 시인이 귀를 기울이는 것으로 시작한다.

> 하늘이 하나님의 영광을 선포하고
> 궁창이 그의 손으로 하신 일을 나타내는도다
> 날은 날에게 말하고
> 밤은 밤에게 지식을 전하니 (1~2절)

다른 말로 하면, 시인은 자연으로 나와 언덕에 누워 하늘을 올려다보고 있다. 하늘을 가로지른 해가 황금빛에서 오렌지빛으로, 다시 붉은빛으로 변해가면 시인은 만물이 찬송을 하고 진리를 전하는 소리를 듣는다. 그러다가 뜬금없는 일이 벌어진다.

> 언어도 없고 말씀도 없으며
> 들리는 소리도 없으나 (3절)

히브리어에서 번역해오기가 어려운 이 이상한 3절은 자연이 들려주는 말을 불쑥 가로막고 나섰다. 이유가 무엇이든 간에 시인은 들려주는 말을 들을 수 없고, 말을 할 수가 없다. 하늘이 부르는 찬송이 있는데 시인은 이 찬송의 말을 들을 수가 없다. 하여 시인은 예배를 드린다.

> 여호와의 율법은 완전하여
> 영혼을 소성시키며
> 여호와의 증거는 확실하여
> 우둔한 자를 지혜롭게 하며
> 여호와의 교훈은 정직하여
> 마음을 기쁘게 하고
> 여호와의 계명은 순결하여
> 눈을 밝게 하시도다 (7~8절)

시인은 이제 예배의 장소이자 성경과 하나님의 이야기가 낭독되는 성소에 와 있다. 예배의 언어는 세상에 있는 거룩한 언어를 분명하게 해주기에 시인은 예배의 언어를 들을 때에야 비로소 자연이 부르는 찬양을 온전히 들을 수 있다.

시인은 자연에서 예배로, 하늘의 언어에서 성소의 언어로 옮겨왔다. 하지만 이동이 한 번 더 있다. 시인이 자신의 입을 열어 하나님을 찬양하는 데에 합류한다.

> 나의 반석이요 나의 구속자이신 여호와여
> 내 입의 말과 마음의 묵상이
> 주님 앞에 열납되기를 원하나이다 (14절)

시인은 이제 예배에서 증언하고 생활 속에서 하나님의 존재와 찬양받으실 하나님을 증언하는 증인이 되었다. 시인은 자신의 말이 "받으실 만한" 것이 되기를 기도하는데 이것은 자신이 진리를, 온전한 진리를, 오로지 진리만을 말하게 해달라는 기도이다.

그러나 모순되게도 예배의 말조차도 항상 선하고 참된 것만은 아니다.

헛소리

설교하는 법을 배운 지 얼마 안 되는 한 신학생이 인근의 양로원에서 드리는 저녁 예배에 말씀을 해달라는 요청을 받았다. 예배는 양로원의 로비에서 열렸는데, 휠체어를 탄 노인을 포함해서 많은 거주자들이 간호사와 보조원의 부축을 받으며 나왔다. 나이를 많이 먹으면 좋은 점 하나가 남의 눈치 안 보고 마음속의 말을 할 수 있다는 점이어서, 예배 초반, 찬송을 부르는 중에도 몇몇 노인들이 즉흥적인 의견들을 불쑥불쑥 내놓았다. 하지만 설교를 할 때가 되자 조용해졌다. 그 신학생이 겨우 몇 마디나 했을까, 별안간 전기스쿠터에 앉아 있던 한 할머니가 전기스쿠터를 윙하고 돌리고 뭐라 알 수 없는 불평을 하며 방으로 가버렸다.

신학생에게는 어느 모로 보나 당황스런 순간이었으나 얼른 수습하려고 했다. 솔직히 우리 대부분도 예배 중에 그 할머니처럼 투덜거리는 순간이 있었을 것이다. 지금까지 예배의 말이 나머지 날들의 생활의 모습을 만드는 경우를 이야기했는데, 솔직히 얘기하면 예배의 말들이 다 좋은 말은 아니다. 우리는 모두 단조롭고 진부하고도 지루한 예배를 드린 경험이 있다. 예배도 사람이 드리는 것인지라 때로는 틀린 말을 할 때도 있고, 성경 구절을 잘못 말할 때도 있고, 하나마나 한 말을 할 때도 있고, 심지어는 실망스런 말을 할 때도 있다. 일전에 토머스 머튼이 이런 불평을 한 적이 있었다. '하나님은 사랑이다.'는 말이 생각 없이 너무나 자주 쓰이다 보니 그 말을 일상에서 하는 것이 마치 '빵 먹어라.'는 말처럼 되어버렸다는 것이다.

예배의 말도 공허하고, 상처를 주고, 볼품없고, 적절하지 못하고, 과장될 수 있다. 작가 캐슬린 노리스(Kathleen Norris)는 어떤 교회에서 몇 주 동안 주일 예배를 드리고 나서 이런 말을 했다.

"나를 참을 수 없게 만든 것은…, 정말이지 말이 많다는 것이었어요. 꼭 말로 폭격을 맞은 것 같아서, 기운을 차리려면 세 시간 정도는 낮잠을 자고 일어나야 했어요."

노리스는 말씀의 신앙을 가진 사람들이 왜 번번이 예배에서 하는 자신들의 말을 조심하지 않는지 의아해 했다.

나머지 여섯 날들 동안 진저리쳤던 똑같은 말의 범람으로 교회의 예배가 오염되어 보일 수 있다. 조간신문에서 심야의 토크쇼, 이메일, 음성 메시지, 점심시간의 대화, 도로변의 게시판, 정치적 연설에 이르기까지 우리는 밀려드는 말의 공격을 받는데 그 대부분이 공허하고 시시껄렁한 말들이다. 어찌나 많은 말에 시달리는지 말이 마치 팽창된 통화처럼 그 가치와 설득력을 잃어가는 추세이다. 〈마이 페어 레이디〉에서 엘리자 둘리틀이 구혼자들에게 말했듯이 말이다.

"말, 말, 말!…지긋지긋한 당신들이 할 수 있는 거라고는 그게 다인가요? 머리 위의 반짝이는 별일랑은 그만 들먹이세요. 사랑한다면 보여주시란 말이에요!"

◎ 말씀하시는 하나님

예배에서 군말 많고 진부한 표현이 야기하는 위험을 알았으니 예배를 언어 없이 드리고 싶은 유혹이 들지도 모르겠다. 예를 들면, 침묵의 반성이나 말없이 드리는 찬양의 율동 또는 화해의 포옹과 같이 공기 중으로 가볍게 떠다니며 말의 무게를 완전히 벗어버린 예배 활동은 말의 공세보다 더 나아 보이는 면이 있다. 실제로 일상대화에 쓰이는 보통의 말을 벗어나 방언이나 하나님과의 말없는 합일의 느낌을 찾으려는 그리스도인들도 있다. 그럼에도 불구하고 예배는 결국에는 말로 드려진다. 기독교 예배에서 침묵은 다음 말을 기다린다든지, 이전의 말을 회고한다든지 해서 생기는 예상할 수 있는 침묵이다. 예배에서의 행동은 항상 뜻이 담겨 있다. 이 말은 의미를 전달하기 위해 들려준 말이 어딘가에 있다는 것을 암시한다. 바울 사도가 고린도 교인들에게 '방언을 말하는 자는 통역하기를 기도할지니'(고전 14:13)라는 편지를 쓴 이후로 예배에서는 어떤 황홀경의 언어도 통역 없이는 완비되지 못한 것이 되었다. 기독교 예배는 불가피하게 말로 드려진다.

사실상 예배와 말의 결속은 우연이 아니며, 이 결속은 복음의 본질이 되었고 하나님과 우리 관계의 본질이 되었다. 설교는 단지 하루를 위한 생각이 아니라 보다 근본적으로 인간에게 하시는 하나님의 말씀이라고 이해된다. 찬송은 단지 예배의 기운을 돋우고 분위기를 고취하기 위한 노래가 아니라 거의 언제나 기도이고 맹세이며 믿음과 약속의 고백이고 찬양과 감사의 표현이다. 요컨대, **하나님께 아뢰는 말이요, 하나님에 대해 하는 말이요, 하나님께 응답하는 말**이다. 캐슬린 노리스의 불평은 아름다운 말, 참된 말, 치유하는 말, 생각 깊은 말, 구원하는 말에 대한 간절한 바람이다.

실제로 그리스도인들은 하나님을 '말씀하시는 분', '대답을 요구하시는 분'으로 경험한다. 그리스도인들에게는 대개 하나님에 대한 추상적 개념, 철학적 개념이 없다. 그보다는 기본적으로 성경에 있는 이야기들을 통해 하나님을 이해한다. 성경에 따르면 하나님은 이야기를 아주 잘하시는 분이다. 창세기 3절에 하나님은 벌써 말씀을 시작하신다. '빛이 있으라' 하나님이 말씀하시자 모든 것이 달라졌다. 하나님이 말씀하시자 우주가 만들어졌다. 하나님이 말씀하시면 사람들이 대답했다. 예수님조차 하나님이 보내신 소식, 하나님 말씀이 표현된 존재로 이해되었다.

"옛적에 선지자들을 통하여 여러 부분과 여러 모양으로 우리 조상들에게 말씀하신 하나님이 이 모든 날 마지막에는 아들을 통하여 우리에게 말씀하셨으니"(히 1:1~2)

물론 하나님이 말씀을 하신다는 생각은 은유다. 하나님이 말씀하신다고 말하는 것은 우리와 상호작용하시는 하나님을 상징적으로 묘사하는 방식이지만, 예배는 이 상호작용을, 말의 주고받음을 조정(調整)함으로써 구체적으로 표현하고 묘사한다. 그래서 하나님과 인간 사이의 대화를 가능하게 한다. 예배가 진행되는 동안, 하나님과 인간의 관계라는 어렵고 복잡한 무늬를 짜는 베틀의 북처럼 예배의 말이 주거니 받거니 흐른다.

예배는 하나님과 인간이 나누는 극적인 대화일 뿐만 아니라 예배당 밖에서 나누게 될 대화의 총연습이기도 하다. 예배를 드리는 것은 진실로 삶을 변화시키는 말을 예배당 안에서 듣고 말하는 것일 뿐만 아니라 그런 말을 삶의 다른 현장에서도 할 수 있도록 우리를 준비시키는 것이다.

예배의 말들은 생활 속에서 끌어낸 보통의 언어를 나름대로 거룩한 언어로 만든다. 진실한 예배를 만드는 진실하고, 감정이 풍부하고, 희망적이고, 신실하고, 용기 있고, 솔직하기 그지없는 언어는 대화가 흔히 시시하고 겉도는 세상에서 그 문화를 거스르는 말이기 때문에 우리가 나머지 여섯 날을 살면서 신선하고 소망스러우면서 치유하는 방식으로 말을 하게 해준다. 이것에 대해 크레이그 다이크스트라는 자신의 책 《믿음 안에서 자라기(Growing in Faith)》에 이렇게 적었다.

"종교적 신앙은 참된 실재와 접촉하려는 삶의 방식이다. 하지만 보고 듣고 바르게 산다는 것은 특정한 방식으로 산다는 의미다. 이 말은 종교적 언어가 단순히 '종교에 관한' 언어인 것이 아니라 공동체의 신앙을 통해 분명하고 유용하게 만들어진 완전한 진실(사실)에 대한 것이다."

대화가 시시해진 세상, 하루 종일 말에 시달리는 세상에는 바른 말, 참된 말, 은혜와 소망의 말에 대한 깊은 갈증이 있다. 우중충한 나방이 가득한 곳에 있는 제왕나비가 두드러지듯 정직한 말, 사랑의 말, 충실한 말도 마찬가지다.

스테판 카터(Stephen Carter)의 책 《불신의 문화(The Culture of Disbelief)》를 보면 '미국에서 가장 위험한 아이들'이란 제목으로 그가 시민단체에서 강연하는 모습이 나온다. 이 주제를 소개하기 위해 그는 두 가지 이야기를 들려준다. 첫 번째는 몇 년 전, 당시 5살 난 자신의 딸이 퀸즈에서 갱단 적수들끼리 벌인 총격전 현장에 갇혀 있었던 무시무시한 이야기다. 더 끔직한 것은 그 총격전이 끝날 때까지 자신과 딸이 함께 있지 못하고 떨어져 있었다는 것이다. 카터가 이 이야기를 하면 청중은 대개 공포와 동정으로 입이 딱 벌어진다.

그 다음으로 카터는 다른 이야기를 하나 더 들려준다. 카터는 코네티컷의 스탬퍼드에 있는 집에서 뉴헤이븐까지 기차로 통근을 했다. 그 기차로 사립학교 십대 여학생들도 통학을 했다. 카터는 아이들이 웨스트포트와 페어필드 중 어느 쪽이 훨씬 더 잘살고 멋진 도시인지 뜨거운 논쟁을 벌이는 것을 우연히 들었다. 웨스트포트에 사는 여자아이가 그 도시에 사는 큰 부자의 이름을 댔더니 페어필드에 사는 여자아이가 자기 도시에 사는 더 큰 부자의 이름을 댔다.

옥신각신 말들이 오고가더니 웨스트포트 아이들 중 하나가 틀림없이 승리에 쐐기를 박을 수 있겠다 싶은 이름을 생각해냈다. 그 아이는 세계적으로 유명한 연예인이 웨스트포트에 산다고 했다. 페어필드 아이들 중 히니가 거짓말이라고 받아쳤다. 그 연예인은 웨스트포트에 사는 것이 아니라 그곳에 사는 친구를 찾아갔던 것뿐이며 이 사실을 알게 된 것은 자기 아버지의 가게에서 그 연예인을 직접 만났기 때문이라고 했다.

이 말을 듣자 웨스트포트의 여자아이가 목소리를 높여 경멸하는 투로 말했다.

"네 아빠가 '가게'를 하신다고?"

페어필드 여자아이는 아차 싶었던지 바로 움츠러들었다. 웨스트포트의 아이가 결정타를 날렸다.

"뭘 파는 가게인데? 철물점이니?"

이 두 이야기를 들려 준 뒤 카터는 퀸즈의 갱단 아이들과 사립학교의 여자아이들 중 어느 쪽이 더 위험한 십대들인지 청중에게 묻는다. 예상한 것처럼 대부분의 청중은 갱단의 아이들이 더 위험하다고 말한다. 그때 카터는 폭력적인 갱단 아이들은 그 지역에서만 활동하고 오래지 않아 죽거나 감옥에 갇히기 십상이라고 지적했다. 하지만 기차에서 만난 여학생들은 최고의 학교를 다니고 있다. 그 아이들은 의심의 여지없이 일류 대학들을 갈 것이고 다른 많은 사람들에게 영향을 끼칠 중요한 일들을 하게 될 것이다. 길게 보면 그 아이들의 말과 태도들이 사실상 갱단 아이들의 총알보다 훨씬 더 위험할 수 있다.

카터는 우리 사회에서 너무나 익숙해져버린 방식의 언어, 즉 상처를 주는 언어, 품위 없는 언어, 인간의 가치를 없애 버리는 언어, 수상쩍은 생각이나 계급과 부를 과시하는 언어를 쓰고 있는 이런 아이들, 우리 아이들을 보았다.

이 파괴적으로 사용되는 언어에 맞설 만한 다른 언어가 있을까? 플래너리 오코너(Flannery O' Connor)는 자신의 책 《성령의 전(Temple of the Holy Ghost)》에서 14살 된 두 여학생의 이야기를 들려주는데 그 아이들은 서로를 '제1성전' '제2성전'으로 부르며 깔깔 웃어댄다. 그 아이들은 학교에서 가장 나이 많은 퍼페튜아 수녀를 놀리고 있는 것인데, 그 수녀가 수업시간에 만일 젊은 남자가 자동차에서 신사답지 못한 행동을 해오면 '하지 마세요! 난 성령이 거하시는 전(殿)이란 말이에요!' 라고 말하라고 했던 것이다.

이야기는 계속되는데, 이 두 여학생이 주말에 12살 된 딸과 사는 한 부인의 집에 초대받아 간다. 우스운 이야기를 나누며 깔깔대던 중 이 두 여자아이는 신이 나서 퍼페튜아 수녀 얘기를 한다. 그런데 놀랍게도 그 부인은 깔깔 웃어대는 여자아이들과 함께 웃는 것이 아니라 도리어 진지하게 말한다.

"너희들이 아주 분별이 없는 것 같구나. 뭐라고 해도 너희는 성령의 전이야."

여자아이들은 감동을 받기 보다는 놀라서 갑자기 이 부인도 '퍼페튜아 수녀와 똑같은 사람'이 아닌가 싶어 경계를 한다. 그런데 옆에서 대화를 들은 부인의 딸이 그 말을 그대로 받아들이고서 감탄한다. '나는 성령의 전이야.' 아이는 혼잣말을 하더니 그 구절을 마음에 들어 했다. 누군가로부터 선물을 받은 기분이 들었던 것이다.

'성령의 전'이라는 예배의 말은 예배 밖에서도 주고받는 말이며 문화를 거스르는 말이며 속죄를 나타내는 말이다. 이 말이 두 여자아이의 귀에는 스쳐지나갔지만 부인의 딸에게는 내부의 변화를 일으키는 촉매제가 된 것이다.

예배의 언어가 세상으로 퍼져나가 새롭게 말하고 이름 짓는 방식을 제공한다면, 우리가 가진 세상 이야기를 나누는 일정한 방식은 세상 속의 예배를 준비하도록 해준다. 산부인과 간호사로부터 아기를 건네받은 엄마가 기쁨과 경이로움과 놀라움으로 소리를 낼 때 엄마는 결국 예배의 찬송과 기도에서나 쓰일 일종의 찬양의 언어를 쓰려는 것이다. 이민자가 손을 들어 시민의 맹세를 할 때나 한 사람이 법정에서 성경에 손을 얹고 진실한 증인이 될 것을 맹세할 때 이들은 서약의 언어, 약속의 언어, 맹세와 신조와 예배에서 정점이 될 엄숙한 헌신의 언어를 연습하고 있는 것이다. 각자의 인생이 이제 하나로 합쳐진 신혼 부부가 긍정과 지지의 말을 배우면, 두 사람은 예배에서 가장 단호하게 선언되는 축복 주고받기를 준비하는 것이다.

◉ 진리, 온전한 진리, 유일한 진리

소아 종양의인 다이앤 콤프(Diane Komp)가 수련의 시절 백혈병에 걸린 어린 소녀 안나를 치료하던 때의 이야기를 들어보자. 이때는 완치율이 지독히도 낮은 시절이어서, 안나는 호전과 악화를 반복하더니 7살에 죽음을 눈앞에 두게 되었다. 안나의 마지막을 지켜보기 위해 부모들과 신학보다는 심리학에 더 관심이 많던 병원의 목사와 기독교 불가지론자였던 콤프가 모였다.

"죽기 전에 안나가 마지막 힘을 그러모아 병상에 일어나 앉더니 그러는 거예요. '천사들이다! 정말 아름다워요! 엄마 보여? 천사들이 부르는 노래가 들려? 저렇게 아름다운 노래는 처음이야!' 그리고는 다시 눕더니 죽었어요."

콤프의 말이다. 안나의 부모들은 세상에서 가장 귀중한 선물을 받은 것처럼 반응했다. 병원 목사는 불가지론자인 콤프를 슬퍼하는 안나의 가족들과 남겨둔 채 서둘러 병실을 떠났다.

"우리는 함께 우리의 이해와 경험을 초월하는 영적 신비를 생각했죠. 내가 믿을 만한 증인을 본 것인가? 이 생각이 그 다음 몇 주 동안 내 머리 속을 떠나지 않았어요."

이 경험에서 주목할 만한 것들이 많은데 그 중 하나는 콤프의 반응이다. 그녀는 자신이 '믿은 만한 증인'을 발견했던 것이 아닐까 하고 생각한다. 내 생각에 그녀는 묻고 의심하고 비판하는 불가지론자로서 자신에게 삶의 깊이에 대한 진리, 거룩한 분을 경험한 진리, 하나님에 대한 최종적인 진리를 알려줄 누군가를 찾았던 것 같다. 아이의 말은 '우리의 이해와 경험을 초월하는 영적 신비'를 증언했다. 그래서 콤프는 이 아이가 진리를 말하는 자, '믿을 만한 증인'이 아닐까 하고 생각한 것이다.

많은 예배가 '주 예수 그리스도의 은혜와 하나님의 사랑과 성령의 교통하심이 여러분 모두와 함께 하시기를 원하나이다.'와 같은 잘 알려진 축도로 끝난다. 이 축도는 그리스도인들이 예배를 마칠 때, 계속해서 함께 계시며 살펴주시겠다고 하는 하나님의 말씀을 상징한다. 이 축도의 메아리는 예배 밖에서 많이 찾아볼 수 있다. 한 예로, 젊은이 한 쌍이 결혼할 계획을 가족들에게 알릴 때 거기에는 가족들의 축복을 받고 싶다는 바람이 들어 있는데, 그것은 결혼 승낙을 받는 것과는 의미가 다르다. 그들은 축복을 받고 싶고, 가족들이 자신들의 결혼 결정을 존중해주고 지지해줄 것이 분명하다고 확신할 수 있는 증언을 듣고 싶은 것이다. 그런 축복은 치유하고 배가시키는 능력이 될 수 있으며 예배의 축도에서 표현되었던 것처럼 하나님의 존재하심과 섭리로 받아들여진다. 요컨대, 예배 언어의 한 요소인 축도가 가족들의 생활 언어로 물결쳐 퍼져가는 것이다.

경외와 감사의 증언

기독교 예배 활동의 몇 가지 요소는 신비하고 거룩한 하나님의 존재하심이 어떻게 경이로움과 경외심과 찬양과 감사를 불러일으키며 성도의 삶 가운데로 들어오는지와 관계가 있다. '만물은 즐거운 소리로 여호와께 드릴지라. 기쁨으로 여호와를 경배하라.'는 말로 예배가 시작되면 일상의 쳇바퀴는 거룩하신 분의 존재에 의해 중단되고 회중은 경이로움과 찬양의 감탄과 찬송으로 화답한다. 그리스도인들이 주의 성찬상에 모이면 사람들은 세상을 창조하시고 제멋대로 망가져 버린 인류를 구하기 위해 예수님을 보내셨고 그분을 통해 매일의 세상을 유지하시는 하나님께 감사의 말을 아뢰며 성찬을 시작한다. 세상에서 증언을 하는 것은 지금껏 그러셨듯이 앞으로도 우리와 함께 계시며 큰 은혜를 주실 하나님을 인식하고 말로 설명하고 감사하는 일이다.

경외와 감사로 나타나는 이 증언이 일과 중에서 중얼거리듯 드려지는 찬양과 경이로움과 감사로 나타날 수도 있다. 식탁의 축도는 성찬식에서 행해졌던 감사의 메아리다. 건강과 안전, 아기의 출생, 고통 가운데 얻은 깨달음, 일몰의 아름다움과 폭풍의 위력에 대해 하나님께 드리는 감사와 경외와 찬양의 말은 예배 '중'에 드리는 경이의 찬송과 시편이 세상 '밖'에서 변형되어 울리는 것이다.

죄와 용서에 대한 증언

예배에서 그리스도인들은 최고의 순간에서조차 자신과 나쁜 사람들에게 상처를 주고 하나님을 거슬렸던 많은 일들을 정직하게 고하며 죄를 고백한다. 예배에서 죄의 고백은 하나님과의 자비로운 관계, 즉 재판관과 피고인의 관계, 교도관과 범죄자의 관계, 엄격한 선생과 불성실한 학생과의 관계가 아닌, 사랑하는 부모와 사랑받는 자녀의 관계라는 배경 속에 이루어진다. 죄의 고백은 두려움이 아닌 신뢰로 하며 그 목적은 징벌이 아닌 자각과 깊고 솔직한 관계와 치유의 능력을 가진 용서다. 예배에서의 고백에는 용서에 대한 확신이 있다. 하나님과 이웃과 자신을 거슬린 싸움을 솔직하게 고백하면 '주 예수 그리스도의 평화가 그대와 함께 할지어다.'라고 선언하지 않는가?

죄를 고백하는 데에는 무엇이 필요한가?

첫째, 기억이라는 이름의 용기다. 파멸과 잔인성을 직면하게 되면, 특히 그것이 우리 자신의 경우가 되면 우리는 자신에게마저 진실을 숨기려 한다. 그리스도인들은 죄를 고백하면서 성전 밖에서도 쓰게 될 용기 있는 기억과 말을 연습하고 있는 것이다.

우리 사회의 죄, 사업상의 탐욕, 공공복지사업의 태만, 사회구조의 잔혹성을 말할 수 있는 용기가 있는 그리스도인이 증언을 한다. 어긋난 관계에 대해 배우자와 자녀들과 친구들과 다른 사람들과 정직하게 이야기를 나눌 수 있는 그리스도인이 증언을 한다. 속을 깊이 들여다보고서 '제가 다 괜찮은 것은 아닙니다.' 라고 고백할 수 있는 신실한 용기가 있는 그리스도인이 증언을 한다. 그러나 과정이 고백으로 끝나지 않는다. 그리스도인은 고백이 하나님과 이웃과의 용서와 화해를 향해 흘러간다는 것을 예배라는 "언어학교"에서 깨달았기 때문이다. 공정한 주택공급, 인도적인 감옥, 올바른 사회, 국가 간의 평화를 소리 내어 말하는 그리스도인도 역시 자녀들과 배우자와 이웃에게 부드러운 자비와 용서의 말을 하는 사람들처럼 증언을 한다.

◉ 인간의 가치와 일의 증언

사람들은 자신들의 가치와 위엄을 잃어가고 있는 세상에서 예배를 드리러 나온다. 얼마나 버는가? 무슨 일을 하는가? 수학능력시험을 얼마나 잘 보았는가? 어느 지역에 사나? 어떤 차를 모는가? 무슨 옷을 입나? 이런 질문들은 우리 문화에서 사람의 가치를 재기 위해 묻는 질문들이다. 이 질문들은 사회 속에서 우리의 위치가 얼마나 덧없는가를 보여준다. 시장의 폭락, 불합격 통보, 휴직하게 만드는 병, 우리는 문득 세상이 보내는 경고를 듣는다.

예배 처소에 들어오면 우리는 우리의 문화가 들려주는 메시지와는 완전히 다르게 흘러가는 말을 듣는다.

"너희는 택하신 족속이요 왕 같은 제사장들이요 거룩한 나라요 그의 소유가 된 백성이니 이는 너희를 어두운 데서 불러 내어 그의 기이한 빛에 들어가게 하신 이의 아름다운 덕을 선포하게 하려 하심이라" (벧전 2:9)

예배의 말(성경, 설교, 세례, 위임 등)에서 듣는 하나님의 백성이라는 이 신분은 규격화된 시험이나 경제의 하락이나 삶의 상황 등의 이유로 없어질 신분이 아니다. 가치와 목적을 담고 있는 이 선물은 예배에서 흘러나와 생활 속에서 확인과 위엄의 말이 된다. 보스턴 대학교 채플의 목사이자 그 대학의 첫 흑인 교수이며 시민권리운동 지도자들의 스승이자 고문이었던 고(故) 하워드 터먼(Howard Thurman)은 자신이 존엄성과 직업에 대한 깨달음을 가질 수 있었던 것은 노예 출신의 할머니가 어린 손자에게 예배에서 들었던 메시지를 거듭 들려주었기 때문이라고 했다. 할머니가 손자에게 하고 또 한 말은 '너는 특별해!' 였다. 할머니는 교회에서 들었던 진리를 손자에게 증언을 했던 것이다.

1950년대 남부를 여행하던 터먼 가족은 도로 가의 공원에서 잠깐 쉬어가려고 멈췄다. 공원 놀이터에 있는 그네를 본 딸들이 아빠를 그네 쪽으로 끌었다. 아이들은 표지판에 적힌 '주(州) 법에 의거한 백인

전용' 놀이터라는 경고문을 읽지 못했다. 터먼은 슬픔을 참고 어린 딸들에게 거기서 놀 수 없다는 것과 그 이유를 설명해주었다. 인종차별의 잔혹성을 처음으로 맞닥뜨린 아이들은 울음보를 터뜨렸다. 그래서 터먼은 자신이 어렸을 때 할머니가 하셨던 대로 딸들을 품에 안고 말했다.

"들어보렴, 너희들은 특별하단다. 사실은 너희들이 하나님께 아주 중요하고 귀해서 주지사와 주 경찰이 전부 나서서 그네를 타지 말라고 말리는 거야!"

◎ 예배의 끝

전통적인 로마 가톨릭 미사에서는 부사제가 '이테, 미사 에스트 (Ite, missa est).'라는 마지막 말을 한다. 이것은 '가시오. 떠나도 좋습니다.'라는 뜻으로, 직역하면 "가시오. 여러분을 보냅니다."라는 뜻이다. '보내다'를 뜻하는 라틴어는 '전도'라는 말과 어원이 똑같다. 그래서 축도가 행해지고 후주곡의 마지막 부분이 여운을 끌면서 모두들 주섬주섬 챙겨 일어설 때면 우리는 자신들을 보내심을 받은 전도자들이라고 생각한다. 무엇을 하라고 보내심을 받는가? 증인이 되라고. 어떻게 하면 되는가? 진리를 말하며 가슴 속 진실의 말을 듣고, 경외와 경이의 말을 하고, 다른 사람들과 가슴 뭉클한 이야기를 나누면서 우리는 예배에서 말씀을 들려주시는 하나님을 증언하고 그 말씀이 육신이 되신(요 1:1, 14) 예수님을 증언한다. 어디로 가는가?

말할 것도 없이 세상으로 간다. 우리 대부분에게는 그 세상이 멀리 떨어진 전도의 땅이 아니라 가정, 사무실, 학교와 같은 평범한 장소들이고 전도의 증언은 자명종소리가 울리는 월요일 아침에 시작된다.

2부

말하며 보내는 하루

새벽의 빛

자명종이 울린다. 아침의 미명이 창을 밝히면 하루가 시작된다. 잠자리에서 일어나 평소처럼 아침 일과를 치를 것이다. 칫솔에 똑같은 양의 치약을 짜고, 평소대로 아침을 먹고, 좋아하는 면부터 신문을 훑고, 날씨를 살피고, 똑같은 노선을 따라 출근을 하고, 똑같은 사람들을 만날 것이다.

그렇지만 이 새날에는 새롭게 출발하고 새로운 기대를 품게 하는 무언가가 있다. 내가 사는 곳에는 주말의 사냥과 낚시를 주제로 하는 라디오 프로그램이 있는데, 새벽 4시가 되면 진행자가 기운 넘치는 목소리로 외친다.

"안녕하세요! 포장지를 이제 막 뜯은 새로운 토요일입니다!"

동트기 전 어둠으로 나팔소리처럼 울려퍼지는 이 말은 다소 호들

갑스럽지만 그럼에도 불구하고 진실에 대한 울림이 들어 있다. 새벽은 아직 포장지에 싸여진 새 상품처럼 새롭기만 한 하루를 여는 시간이다. 새로운 시작의 기회와 손상되지 않은 출발의 희망을 알리는 시간이다. 어제까지의 토대 위에 새롭고 튼튼한 벽을 쌓아올릴 수 있는 가능성, 오래된 잘못을 바로잡을 수 있는 가능성, 기대하지 못했던 바람과 신선한 놀라움이 하루를 통해 일어날 것이라는 가능성을 알려 주는 시간이다. 자명종 시계 소리에 눈을 비비고 일어날 때 우리는 그저 하루의 일과를 시작하려고 잠자리에서 일어나는 것이 아니다. 우리는 한 발은 대면해야 할 어제의 현실이 여전히 기다리고 있는 역사의 한가운데에 두고, 다른 한 발은 새로운 가능성으로 가득했던 창조 첫날의 에덴동산에 두고서 일어나는 것이다. '태초의 아침처럼 아침이 열렸다. … 하나님께서 다시 만드신 새날이다!'라고 노래한 찬송이 옳은 것이다.

이날이 그날이다

그러면 창조의 첫날 우리는 무엇을 하는가? 우리는 각각의 새날을 어떻게 시작하는가? 아내와 나의 경우는 보통 커피를 마시며 서로에게 '오늘 해야 할 일이 뭐죠?'라고 묻는다. 물론 이것은 의무에 대한 질문이다. 우리에게는 직업이 있고 책임질 일이 있다. 우리에게는 약속해둔 일이 있고 일정이 있다. 새날이 밝았지만 우리의 기억과 달력 위에서 어제의 의무는 현실이며 우리가 '해야 할' 일들이 있다.

그렇지만 휴가 동안에는 질문이 바뀐다. 오늘 우리는 평소의 짐을 벗고 자유를 누린다. 늦잠을 자고, 편한 옷을 입고, 일정이나 해내야 할 일이 없는 자유로운 날을 기대하며 '오늘 하고 싶은 일이 뭐죠?' 라고 묻는다.

물론 이 두 질문이 단순히 아침을 다르게 시작하는 방식만을 가리키는 것은 아니다. 도덕적 선택이자 시간을 보내는 방식이다. 이것은 실상 우리의 전 생애에 걸친 방식이다. 우리 대부분은 오늘 '해야 할' 일이라는 짐과 오늘 '하고 싶은' 일이라는 기대되는 자유 사이를 끊임없이 서성인다. 의무와 기쁨 사이의, 심지어는 책무와 이기주의 사이의 분투만 같다.

그렇지만 신자들에게는 제3의 질문이 있다. '오늘 내가 기쁘게 할 수 있는 일이 뭐지?'이다. 짐이나 즐거움과 상관없이 오늘 마음속 깊이 기쁨을 느낄 수 있는 어떤 일을 우리가 할 수 있을까? 이 말이 지극히 낙천적으로 들릴지도 모르겠다. 그러나 사실상 이 기쁨이 담긴 질문은 고지식한 것도 아니고 낙천주의도 아니다. 하루를 기쁘게 살려고 계획하는 데는 어려운 선택과 대가를 치러야 하는 결심까지도 따른다. 이 기쁨의 질문에 대해 더 자세히 살펴보자.

한편으로 보면, '오늘 내가 기쁘게 할 수 있는 일이 뭐지?'는 의무와 즐거움의 질문과는 사뭇 다른 질문이다. 기쁨은 의무도 즐거움과도 같지 않다.

의무 측면에서 보면 하루 일정표에 들어 있는 모든 임무가 다 기쁠리는 없다. 오늘 해야 할 일들 중에서 모임, 일, 의무, 책임 등 일부는 솔직히 따분할 수도 있고, 시간 낭비일 수도 있고, 당치 않을 수도 있고, 의미 없을 수도 있고, 심지어는 불쾌할 수도 있다. 그 일들은 해야 할 일들이겠지만 기쁘지는 않다.

기쁨과 즐거움도 동의어는 아니다. 예를 들어, 노숙자 숙소에서 아기가 태어나는 것은 기뻐할 일이나 그곳에서 일하는 것은 즐거움보다 고통이 더 클 수도 있다. 이기적인 득보다는 더 큰 희생이 따를 수도 있다. 차를 운전하기 전에 맥주 한 잔 더 들이키는 일은 기쁨을 날려버리면서 끝날 수도 있다.

그러니 기쁨은 의무나 즐거움과 동일하지 않다. 하지만 기쁨은 둘과 밀접한 관련이 있다. 기쁨은 의무와 즐거움을 중재한다. 기쁨을 찾기 위해서는 의무와 즐거움이 상충되는 곳을 찾으면 된다. 기쁨이 있는 곳은 우리를 즐겁게 하는 일들, 우리가 자유롭게 선택한 일들과 지켜야 할 약속, 져야 할 짐이 결국은 하나이고 같은 것이 되는 지점이다.

기쁨은 달력에 표시된 의무들을 육중하고 쓸모없는 무게를 가진 짐과 우리 주변에 생동감을 주고 사람답게 해주는 짐으로 나눈다. 또한 우리의 즐거움을 순간의 위안을 주는 것과 깊고 변치 않는 만족을 주는 것으로 구분한다. **기뻐함은 완전하게 인간이 되는 것이다.** 기뻐함은 아직 사용하지 않은 새로운 오늘, 새로운 창조의 첫날의 포장을 뜯지 않은 원상태로 되돌리는 것이고, 오늘의 인간이기를 결심하는 것이고, 창조받은 목적의 사람이기를 결심하는 것이다. 기쁨은

'오늘 하고 싶은 일이 뭐죠?'라는 즐거움의 질문에 '오늘 나는 약속한 일들(해야 할 일들)을 이행해서 하루를 접을 때 나와 내 주변 사람들을 더욱 완전하게 인간이 되도록 해주고 싶다.'고 대답하는 것이다.

얄궂게도 하루하루 기쁨을 누리며 살려고 결심을 하면 우리는 자신을 잊어버릴 때야 비로소 본연의 자신을 발견한다. 자신에게 열중하지 않고 다른 사람들을 신경 쓸 때 우리는 기쁨을 누리며 참된 자신이 된다. 예수님은 이렇게 말씀하셨다.

"누구든지 제 목숨을 구원하고자 하면 잃을 것이요 누구든지 나를 위하여 제 목숨을 잃으면 구원하리라"(눅 9:24)

토머스 머튼은 이를 다시 이렇게 말했다.

'네 자신이 되라'는 말이 흘러넘치는 시대에 나는 내 자신이 되는 것을 잊어버리기로 했다. 어떤 경우든지 내가 다른 사람이 될 기회는 거의 없었기 때문이다. 그보다는 사람이 너무 "자신"에게만 몰두하면 그림자 역할만 하게 될 위험이 있다.… 나는 세례자 요한처럼 광야에서 살지 않고 소로우(Thoreau)처럼 숲에서 산다고 비난을 듣는다. 내가 할 수 있는 대답은 나는 '다른 그 누구처럼' 이나 '다른 그 누구와 같지 않게' 살고 있지 않다는 것이다. 우리 모두는 어떻게 살든, 무엇으로 살든 살아가고 그것이 바로 삶이 된다. 내게는 내 자신의 본성의 필요를 깨닫기 위해 자유로워지는 것이 어쩔 수 없이 필요한 일이다.

머튼은 '내 자신의 본성의 필요를 깨닫기 위해'서는 '그 자신'에게 너무 집중하지 않을 때 가장 잘 이루어졌다고 말했다. 내가 가르치는 대학의 법과대학을 졸업한 변호사가 최근에 오랫동안 지역사회에 두드러진 봉사를 한 공로로 동문회상을 받았다. 변호사 시절 초기에 그는 기쁨의 질문, 인간다울 수 있는 가장 좋은 방법을 묻는 질문을 스스로에게 던졌다. 그리고 머튼처럼 '자신을 잊어버림'으로써 답을 찾았다. 법률회사에서의 수지맞는 업무를 선택하는 대신 가난해서 좋은 법률 상담을 받기 어려운 사람들을 변호해주고 그들을 위해 뛰는 일에 헌신했다. 이 선택을 돌이켜보면서 그는 이렇게 말했다.

"아침에 일어나면서 오늘도 좋은 날일지 의심할 필요가 없었습니다. 가난한 사람들과 일하며 그들을 위해 잘 해내려는 하루하루가 항상 좋은 날이었습니다."

하루하루를 완전하고도 기쁨에 가득 찬 사람이 되도록 노력하려는 결심은 물론 단순한 개인적인 선택이 아니라 신앙적인 결심이고 믿음의 문제다. 사실은 결심이기 훨씬 이전에 부르심에 대한 응답이다. 우리의 신앙은 하나님을 떠나서는 완전한 인간이 될 수 없고 진실로 기쁠 수도 없다고 말한다. 때로는 주일 아침의 예배가 이렇게 시작된다.

"이 날은 여호와께서 정하신 것이라 이 날에 우리가 즐거워하고 기뻐하리로다"(시편 118:24).

우리는 이 말을 주일 예배에서 한다. 하지만 이미 말했듯이 예배는 사실상 월요일에서 토요일까지의 세상을 위한 총연습이다. '여호와께서 정하신 날'은 단지 주일만이 아니다. 수요일도 금요일도 여호와께서 정하신 날이다. '우리가 다 기뻐하고 즐거워하리라.'는 단지 주일만을 위한 문구가 아니다. 하나님께서 각각의 날에 우리에게 하시는 말씀이다. 아침 자명종이 잠을 깨울 때 그것은 일어나서 '하나님이 재창조하신 새로운 날'로 맞이하라는 신호다.

우리에게 가장 깊은 기쁨을 주는 것, 우리를 가장 완전한 인간으로 만드는 것, 우리가 이 날에 '기뻐하고 즐거워'하도록 자유롭게 해주는 것은, 바로 하나님의 세상에서 자기 자리를 찾아 하나님의 활동에 참여하는 것이다. 그것이 손님을 가득 실은 여객기를 모는 일이든지, 학생들을 가르치는 일이든지, 신생아의 기저귀를 가는 일이든지, 컴퓨터에 자료를 입력하는 일이든지, 화학 시험을 준비하는 일이든지, 새는 수도꼭지를 고치는 일이든지 간에 하나님이 세상에서 하고 계시는 일의 한 부분으로 받아들일 수 있는 일이면 그것이 생애 최고의 일이다. '때가 아직 낮이매 나를 보내신 이의 일을 우리가 하여야 하리라'(요 9:4)고 예수님도 말씀하셨다.

그래서 우리는 아침에 일어나 묻는다.

"하나님, 오늘 세상에서 무슨 일을 하시렵니까? 제가 어떻게 그 일 부분이 될 수 있을까요?"

우리는 인간이어서 하나님께서 하시는 일을 모두 알 수는 없지만 어떤 부분은 안다. 하나님께서 '말씀을 하신다'는 것이다.

그 점이 바로 증언의 핵심이다. 하나님이 말씀하시니 우리도 말하는 것이다. 그것이 증언의 본질이다.

창조: 부름을 받다

창조의 첫날에 하나님은 말씀을 하셨다. 성경에 따르면 하나님은 말씀으로 창조를 하셨다. 우주가 어떻게 생겨났는지, 은하와 태양과 행성과 소행성이 어떻게 생겨났는지, 강과 산과 골짜기와 초원과 기린과 고래와 호랑이와 사람이 어떻게 생겨났는지를 물으면 한 가지 답변만으로는 곤란하다. 우주가 어떻게 만들어졌는가에 대한 진리를 하나의 관점만으로 알 수는 없다. 예를 들어보자. 많은 과학자들은 물질 덩어리들을 날려 보낸 최초의 폭발을 일컫는 '대폭발'로 우주가 만들어지기 시작했다고 말한다. 과학자들은 이 논리를 뒷받침해줄 만한 최상의 자료들만을 고른다.

사람이 정자와 난자 세포의 결합으로 만들어졌다는 사실이 단순히 사람이 어떻게 생겨났는지를 알려주는 정도인 것처럼, '대폭발'이 만족스런 이론일 수는 있지만 우주의 시작에 대한 완전한 이야기는 될 수 없다. 믿는 사람들에게는 우주가 폭발의 파편, 행성들과 별들과 소행성들의 우연한 요동이 아니라 하나님의 솜씨로 빚어진 작품이다. 단순한 우주가 아니라 '창조물'이다. 우주를 '창조물'이라고 해서 과학과 신앙을 싸움 붙이려는 것이 아니다. 단지 우주가 어떻게 생겨났는지 그 온전한 진리를 말하려면 이론 하나로는 안 된다는 것이다.

창세기에 따르면 창조는 그저 자연스럽거나 임의적인 과정이 아니었고 하나님도 손 놓고 계신 구경꾼이 아니셨다. 창조의 그 중심에 하나님이 계셨다. 하나님이 무슨 일을 하셨던가? 창세기를 보면 그 시작부터 하나님이 말씀을 하셨다는 걸 알 수 있다. 하나님의 바람, 하나님의 숨결, 신성한 바람이 형태도 없이 텅 빈 황량한 물 위로 불었다. 그리고 하나님이 말씀을 하셨다.

"빛이 있으라."

그러자 빛이 있었다. 하나님이 말씀하시자 창조가 이루어졌다. 과학자들은 실험 장치에 귀를 대고 태초까지 거슬러 올라가는 소리를 들으려고 긴장한다. 그리고는 엄청난 폭발 소리를 듣는다. 우리들은 창세기도 귀를 기울인다. 그리고 침묵을 깨고 말씀하시는 그 폭발 소리를 듣는다.

"빛이 있으라. 바다와 마른 땅이 있으라. 해와 달과 별들이 있으라. 풀과 생물이 있으라. 우리의 형상을 닮은 사람이 남자와 여자로 있으라."

하나님은 왜 말씀을 하셨는가? 말없이 최초의 진흙을 떠서 별들과 달과 행성들을 빚지 않으시고 하나님은 들을 사람이 아무도 없었는데도 왜 창조를 말씀으로 하셨는가? 하나님의 말씀은 성경이 말하는 하나님의 행하심이다.

그러나 그것이 전부는 아니다. 말씀하시는 창조주라는 생각은 차라리 은유다. 하나님이 행하실 때 그 행하심은 어떤 점에서 보면 권유가 따르는 말과 같다. 무엇인가 요구되고, 누군가 요청을 받고, 거기에 대한 응답이 요구된다. '하늘에 빛이 있으라.'고 말씀하셨을 때, 바로 튀어나왔다. 사람을 창조하셨을 때 하나님이 처음으로 하신 일은 그들에게 말씀하시는 것이었다.

"하나님이 그들에게 복을 주시며 하나님이 그들에게 이르시되 생육하고 번성하여"(창 1:28)

해와 달, 남자와 여자는 하나님의 대화의 상대다. 하나님의 음성이 그들을 부르면 그들은 듣고 응답하였다. 아무것도 없는 중에서라도 그들은 듣고 앞으로 나왔다.

흑인 시인 제임스 웰든 존슨(James Weldon Johnson)은 시 〈하나님의 나팔들(God's Trombones)〉에서 성경의 창조 이야기를 상상한다.

> 그리고 하나님이 나아오셨다.
> 주위를 둘러보시고 말씀하시길
> 내가 외롭구나.
> 세상을 만들어야지.

만약 하나님이 외로우셨다면? 만약 하나님이 일시적인 생각이나 도전 또는 단순히 기분 좋으실 대로 무엇이든 하실 수 있기 때문에, 또는 신성한 능력으로 연습 삼아 세상을 창조하신 것이 아니라 하나님이 교제를 원하셨기에 세상을 창조하셨다면? 만약 하나님이 나이아가라 폭포의 전율, 히말라야 산맥의 현기증 나는 높이, 사하라 사막의 순전한 아름다움을 그저 있게 하시려고 세상을 창조하신 것이 아니라 들을 귀와 대답할 목소리가 있게 하시려고 세상을 만드셨다면?

만약 하나님이 시에서처럼 공간으로 나아오셔서 메아리가 아닌 '저 여기 있습니다.'라고 용감하게 대답하는 음성을 바라시며 영원한 침묵의 협곡을 가로질러 창조의 말씀을 외치셨다면?

어렸을 적 내가 어긋나게 굴면 어머니는 때로 이렇게 말씀하셨다.

"그것은 내가 안 불렀어!"

착하게 구는 것이 불러내져야 하는 것인 냥, 본래 있어야 하는 내가 거기에 없어서 불러내야만 하는 것인 냥 안 불렀다고 하셨다. 다른 부모들처럼 내가 태어날 때 나의 부모님들도 서로 마주보며 말했다.

"이 아이를 뭐라고 부르죠?"

"'토머스'라고 부릅시다."

부모님은 이름을 지으며 아직 내가 아닌 나를 부르고 계셨다. 자신들의 깊은 모든 소망들을 내게서 부르고 계셨다. 부모님이 주는 바로 가장 좋은 선물을 받으러 나오라고, 내가 처해 있던 고립에서 떠나 부모님과 함께 하자고 나를 부르고 계셨다. 인간이 홀로 있는 것은 좋지 않기 때문이다. 나는 그저 태어난 것이 아니라 불러내졌다. 여러분도 마찬가지다.

같은 이치로 창세기를 보면 창조 전체가 부름을 받았다. 하나님은 아직 존재하지 않는 것을 있으라고 불러내셨다.

"빛이 있으라!"

그러자 빛이 있었다.

"우리의 형상을 따라 사람을 만들자."

그러자 하나님을 그대로 닮은 사람이 있었다. 하늘과 바다, 해와 달, 나무와 열매, 동물과 사람 이 모든 것이 그저 나타난 것이 아니다. 모두가 '부름'을 받았다.

그리스도인 소설가 프리데릭 부에크너는 각각의 새로운 날의 시작은 이 창조의 이야기를 재현하며 하나님의 창조의 음성이 울리던 시간을 다시 이야기한다고 지적한다.

어둠 속에서 하나님이 말씀하신다.

"부에크너가 있으라."

그대로 안 될 리가 있는가? 잠이라는 최초의 혼돈으로부터 다시 생명이 되라고 하나님이 나를 부르신다. 새로운 날에 잠에서 깨어나는 것은 우리 모두가 창조의 아침을 맞는 아담인 것이고, 세상은 우리가 이름을 지어주어야 할 세상인 것이다.

깊은 부르심

각각의 새로운 날에 들리는 첫말은 하나님에게서 나온다. 하나님이 우리를 각각 부르신다. 잠에서 불러내시고, 기쁨을 향해 살라고 불러내시고, 하나님께 속한 사람으로서 한 발을 달라진 이 날에 두라고 부르신다. 어떻게 하면 되는가? 물론 하루를 통해 우리의 인간성과 부름받음을 나타낼 방법과 장소는 많다. 우리가 매일 하는 첫 활동 중 하나는 입을 열어 말을 함으로써 하나님을 모방하는 것이다.

우리가 할 첫말은 기도일 것이다. 우리에게 생명으로 말씀하시는 하나님을 향해 응답을 함으로써 하루를 시작할 것이다. 키에르케가르트(Kierkegaard)는 하루를 시작하면서 이렇게 기도했다.

"우리 마음이 하나님을 생각할 때 놀라고 무서워서 날아가려는 겁에 질린 새처럼 느끼지 않게 하시고, 천상의 미소를 지으며 잠에서 깨어나는 아이처럼 느끼게 하소서."

우리는 머리를 숙이거나 무릎을 꿇고서 여기에 우리가 홀로 있지 않다는 것을 고백하며 하루를 시작할 것이다.

우리의 아침 기도가 키에르케가르트의 기도보다 더 간단할 수도 있다. 입을 옷을 고르느라 옷장을 뒤지며 하나님께 드리는 기도일 수도 있고, 양치를 하며 '오, 주님! 오늘을 살 힘을 주소서.'라고 속삭일 수도 있다.

물론 기도는 우리의 진심을 하나님께 아뢰는 표현이지만 동시에 영적 훈련이다. 크로스컨트리 경주 선수인 내 아들이 새벽에 일어나 동료들과 십여 킬로씩 뛰는 것처럼 그리스도인들은 훌륭한 기도의 연습과 훈련을 수 세기가 넘도록 받아왔다.

예를 들어 간결한 기도를 보자. 예수님은 '기도할 때에 이방인과 같이 중언부언하지 말라'(마 6:7)고 하셨다. 마틴 루터는 '말이 적을수록 더 좋은 기도다.'라고 했다. 작가 앤 라모트는 그녀의 모든 기도를 기본적으로 '감사합니다!'나 '도와주십시오!'의 두 문구로 간추릴 수 있다고 했다.

개혁자 존 캘빈은 기도의 4가지 규칙을 말했다.

1. 기도할 때는 하나님과 이야기하고 있다는 것을 기억하고 그에 맞게 마음과 정신을 집중하라. 그렇다고 해서 삶에 대한 염려가 없는 것처럼 가장하라는 뜻은 아니다. 실제로 염려로 인해 기도하고자 하는 마음이 더 생긴다.
2. 하나님은 기도 소리를 좋아하신다는 어리석은 생각을 하지 마라. 여러분처럼 하나님도 수다스러운 기도와 거만한 경건을 좋아하시지 않는다. 기도할 때 진심으로 하라. 진실로 느끼는 것을 아뢰고, 참으로 필요한 것을 여쭙고 열렬히 바라는 마음으로 기도하라.
3. 하나님은 자신을 다른 사람보다 더 거룩하다고 여기는 사람의 기도를 듣지 않으신다. 기도는 우리 자신을 부풀리는 것이 아니라 비우는 것이다. 잘 드리는 기도는 하나님 앞에서 겸손한 것이며, 자신을 선하며 신앙심 깊은 사람이라고 쓸데없이 혼자서 만족스러워 하지 않는 것이다. 아이가 사랑해주시는 부모에게 가는 것처럼 확신 있게, 꾸밈없이, 겸손하게 하나님께 나아가라.
4. 기도를 들어주실 줄로 기대하라. 응답이 여러분이 생각했던 모양으로 오지 않을 수도 있지만, 하나님은 선하시고 사랑하시는 아버지이셔서 여러분이 진실로 필요해서 믿음으로 구하는 모든 것을 신실하게 주실 것이다.

뮤지컬 〈지붕 위의 바이올린(Fiddler on the Roof)〉에는 러시아의 작은 마을에 사는 가난한 유대인 우유 장수 테비에(Tevye)가 나온다. 그 뮤지컬에서 테비에는 기도의 사람으로 그려진다. 회당과 안식일의 식탁에서 기도를 하지만 대개는 **일상의 일을 열심히 하면서 기도를 한다**. 믿는 친구에게 이야기하는 것처럼 자유롭고 솔직하게 하나님께 말씀을 드린다. 그는 자신에게 딸만 다섯이고 아들이 하나도 없는 이유가 무엇인지 하나님께 여쭈며 딸들을 사랑하지만 '다섯'이나 주신 까닭을 알고 싶어한다. 그토록 가난하지 않았으면 좋겠다는 마음에서 자신이 부자가 되면 하나님의 크신 계획에 차질이 생기는지도 여쭌다. 하나님께 드리는 자유롭고 정직한 이야기, 하루를 마감하며 하나님과 나누는 대화로 테비에는 바울이 그리스도인에게 '쉬지 말고 기도하라'(살전 5:17)고 권하던 의미를 실천해내고 있다.

◉ 사람은 더불어 살아야

새로운 날을 맞은 우리의 첫 생각과 말이 하나님을 향한다면 우리는 이내 다른 사람들과의 교제를 원하게 될 것이다. 에덴동산에서 아담은 우거진 초목과 기분 좋게 해주는 동물들로 즐거웠지만 완전히 만족스럽지는 않았다. 자신과 같으면서도 다른 존재, 자신의 뼈 중의 뼈요, 살 중의 살이 되는 존재를 바랐다.

우리에게도 똑같은 욕구가 있다. 어디를 가든 많은 사람들이 휴대전화로 이야기를 하면서 지나가는지 볼 수 있다. 이 모든 대화들이 무엇에 대한 것일까? 중대한 문제로 대화하는 때도 있겠지만 대부분의 대화는 '별일 없니?'라든가 '언제 만날까?'라는 것들이다. 달리 말하면 대화는 정보에 대한 것이기보다는 에덴의 다른 존재들을 부르고 있는 것이다. 매일 새로운 날의 첫 빛줄기에 우리는 하나님을 찾고 다음으로는 다른 사람들과의 교제를 찾는다.

우리 마을에서 가장 엄중한 경비가 이루어지는 감옥에는 작은 구멍들이 뚫려 있는 둔중한 철제 벽이 있다. 그 감옥을 찾아간 방문자는 수감자와 그 철제 벽을 사이에 두고 마주 앉아 그 뚫린 구멍들을 통해 이야기를 나눈다. 구멍들 주위의 페인트가 거의 벗겨져 나갔는데, 그 이유는 셀 수도 없는 많은 사람들이 조금이라도 상대방에게 가까이 가고 싶어 얼굴을 거기에 대고 심지어 키스도 해가며 이야기를 했기 때문이다. 우리는 흔히 우리를 나누어 버리는 그런 벽에도 불구하고 다른 사람들의 목소리를 갈급해 하고 함께 있고 싶어한다.

"여보세요. 저 여기 있어요. 당신 거기 계셔요? 나의 뼈 중의 뼈요, 살 중의 살이 되는 당신?"

그리스도인들이 다른 사람들을 찾을 때는 신앙적 대화가 "별일 없니?"를 넘어선다. 증언은 그 이상이다. 그럼 무엇인가? 기독교 예배에는 신자들이 주님의 성찬상에 모였을 때 평안의 키스로 서로를 반겼던 오래된 관습이 있다. 오늘날 예배 의식에도 남아 있는 '평안 전하기'라 불리는 이 관습인데, 신자들이 몸을 돌려 주변 사람들의 손을 잡고 '그리스도의 평안이 함께 하시길 빕니다.'라고 말한다. 인사를 받은 사람은 '당신에게도 함께 하시길 빕니다.'라고 답한다.

모든 증언과 그리스도인들이 다른 사람들과 나누는 모든 대화가 '그리스도의 평안이 함께 하시길 빕니다.'라는 말로 요약될 수 있다. 그리스도의 평안을 다른 사람에게 권하는 것은 하나님의 크신 평강(Shalom)을 권하는 것이고 모든 것이 참으로 잘 될 것이라는 희망을 권하는 것이다. 하나님은 언제고 모든 사람들과 함께 완전히 거하시겠고 '하나님이 그들과 함께 계시리니…… 모든 눈물을 그 눈에서 닦아주시니 다시는 사망이 없고 애통하는 것이나 곡하는 것이나 아픈 것이 다시 있지 아니하리니'(계 21:3~4)라고 약속하셨다. 이것이 하나님의 평강이다. 이것이 사람 마음에 가장 깊이 간직된 소망이다. 이것이 예수님이 나셨을 때 베들레헴의 밤하늘에 나타난 천사들이 노래한 평강이다. 참된 증언은 다른 사람에게 그 소망을 함께 누리자고 청하는 것이고 이제 그 큰 평강 가운데서 살자고 청하는 것이다.

기도는 그 평강의 표시이며, 이것은 기도가 사실상 두 가지 방향으로 작용하는 대화라는 걸 의미한다. 첫째, 기도하는 것은 하나님과 대화하는 것이다. 둘째, 동시에 기도는 증언이다. 기도하는 우리를 볼 때 세상은 평강의 표시로 받아들인다. 기도는 하나님을 거슬린 인간의 전투에서 사격이 그친 것을 표시한다. 하나님이 우리와 화해해주셔서 우리가 말을 할 수 있는 것이다.

도로시 데이(Dorothy Day)는 '가톨릭 일꾼(Catholic Worker)'이란

공동체의 설립자로서 그녀의 깊은 신앙과 억압받는 자들에 대한 헌신은 다른 많은 사람들에게 큰 영향을 주었다. 1930년대에 '가톨릭 일꾼'의 집들이 노숙자들에게 숙소를 제공하자 사람들은 그녀를 날카롭게 비판했다. 보살핌을 받을 만한 가난한 사람들이 아닌 주정뱅이들과 좀도둑들을 보살핀다는 것이었다.

"얼마나 오랫동안 그 사람들을 당신 집에 머물게 할 작정이죠?"

사람들이 물었다. 그녀는 단호하게 대답했다.

"영원히 머물게 될 겁니다. 그 사람들은 우리와 함께 살고 함께 죽습니다. 죽으면 기독교식 장례를 치러주고 기도를 해줍니다. 한번 받아들여지면 가족의 일원이 된 겁니다. 아니 그 이전에도 가족의 일원이었습니다. 그 사람들은 그리스도 안에서 우리의 형제요 자매들입니다."

도로시 데이는 자신을 기독교와 소명으로 이끈 것에 대해 말을 할 때면 종종 어린 시절의 경험을 이야기했다. 시카고에서 살던 어린 소녀 시절 도로시는 옆집에 사는 친구를 보러 갔다. 친구네 아파트 문이 열려 있어서 안으로 들어갔는데, 싱크 옆에는 아침 설거지가 말끔하게 되어 있고, 친구 엄마인 바렛 부인이 마루에 무릎을 꿇고 기도를 드리고 있었다. 도로시가 온 것을 안 바렛 부인은 잠시 기도를 멈추고 친구가 가게에 갔노라고 말해주곤, 다시 기도로 되돌아갔다.

도로시의 전기를 쓴 작가는 아침 기도를 드리고 있던 바렛 부인과의 만남을 이렇게 적었다.

"어린시절 초월자와의 첫만남이라고 도로시가 느낀 순간이었다. 이 세상이 전부가 아니고 그 너머의 것이 있다는 이 깨달음은 그녀를 향해 손짓하는 거부할 수 없는 부름이 되었고 결국 그녀는 교회로 이끌리게 되었다."

도로시 자신은 이렇게 말한 적이 있었다.

"예배, 경배, 감사, 기원…은 우리가 이 세상에서 할 수 있는 가장 고귀한 활동입니다."

평강과 다른 사람들과의 교제를 구하는 신앙의 대화가 항상 기도라는 형태로 이루어지지는 않는다. 전혀 종교적 대화 같지 않을 수도 있다. 그리스도인의 증언은 이따금 거룩한 대화라기보다는 다음과 같이 들릴 수도 있다. "여보, 커피 드시겠어요?" 하고 물으면, "그거 좋지. 괜찮다면 반 컵만 줘요." 하는 대답. 아이들의 잠을 깨우며 "학교 갈 준비해야지."라고 말하면, "벌써요?"라고 답하는 식이다.

그저 하루를 시작하면서 아침에 나누게 되는 소리로만 들리는데 왜 이것을 '종교적'인 대화라고 하는가? 더군다나 성경에서 인용된 것도 없는데 말이다. 그 이유는 하나님이 세상에서 하고 계시는 것을 하기 위해 나누는 말이기 때문이다. 다른 사람들을 찾아 그들과 화평하고 화해하는 교제를 이루기 위해 말하고 있기 때문이다. 하나님의 형상을 따라 창조된 사람으로서 하나님이 우리를 찾으시는 것처럼 우리도 다른 사람들을 찾고 있다. 왜냐하면 사람은 더불어 살아야 하기 때문이다. 다른 목소리가 듣고 싶고, 그 소리에 말대답을 하고 싶고, 연락을 하고 싶고, 다른 사람들과 교제를 하고 싶은 마음에 TV를 켠다.

믿음의 교육자 휴베르투스 하브패스(Hubertus Halbfas)는 이렇게 말한 적이 있다.

"어떤 사람들은 그저 자녀에 대해, 집에 대해, 식사에 대해 이야기할 뿐인데 그들의 이야기에는 믿음과 소망, 감사와 기도가 가득하다."

다음의 경우를 생각해 보자. 엄마가 한밤중에 아이가 무서워서 울며 찾는 소리를 들었다. 엄마는 지체 없이 일어나 서둘러 아이의 침대로 간다. 밤이 갑자기 공포로 가득 찬 시간이 되어버린 아이는 그림자 하나, 삐거덕거리는 소리 하나에도 놀라서 떨고 있다. 모든 엄마는 그 상황에서 어떻게 해주어야 할지 본능적으로 안다. 불을 켜고 아이를 부드럽게 달래는 말을 한다. 어쩌면 익숙한 이야기나 노래를 들려줄지도 모른다. 아이를 품에 안고 볼을 가만히 쓰다듬어 줄지도 모르겠다. 아이가 점차 안정을 찾으면 엄마는 부드럽게 말한다.

"다시 자렴. 무서워하지 마. 아무것도 너를 해치지 못해."

그런데 그녀가 종교적인 행동, 종교적인 대화, 아이와 성서에 기초한 대화를 나눴다고 한다면 아주 놀랄지도 모르겠다. 그녀는 단순히 필요할 때 안심시켜주는 말을 아이에게 해준 것인데 왜 종교적인가? 왜 신학적인가? 하나님을 언급하거나 찬송을 부르거나 기도를 드린 것도 아닌데 말이다. 하지만 이 엄마의 말을 깊이 생각하면 안심시키는 것 이상의 말이라는 걸 깨닫게 된다. 자신이 몰랐을 수도 있지만 어떤 면에서 그녀는 자신의 믿음을 표현한 것이다.

종교 사회학자인 피터 버거(Peter Berger)가 지적했듯이, 엄마의 말이 진실을 이야기한 점을 살펴보자. 부모들은 한밤중에 무서워서 깬 아이를 안심시켜준다. 평범한 일이지만 이 평범한 장면이 어려운 질문을 불러일으킨다. 부모들이 자녀들에게 다 괜찮다고 안심시킬 때는 '오늘 밤' 옷장에는 괴물이 없다거나 '이번에'는 침대 밑에 도깨비가 없다는 것보다 더 큰 것을 의도한 것이다. 오늘 한 밤을 넘어, 공포의 이 몇 분을 넘어, 이 작은 방을 넘어, 세상과 삶 자체가 믿을 수 있고 두려워하지 않아도 된다는 것이다.

하지만 과연 그런가? 엄마는 진실을 이야기했는가? 정말 '모든 것'이 다 괜찮은가? 사람들은 실제 그렇지 않다고 말하고 싶을 것이다. 어른으로서 그 엄마는 모든 삶에 나름의 어려움이 있고, 자신과 아이에게 각자 져야 할 고통의 몫이 있고, 종국에는 자신도 아이도 죽을 것이고 사랑하는 모든 사람들이 죽을 것을 확실히 알고 있다. 세상에 악과 고통이 없는 삶을 살 수 있는 사람은 아무도 없다. 우리 모두가 태어나서 살다가 죽는 세상에서는 분명 모든 것이 다 올바르지만은 않다. 그러니 사람들의 경험만을 놓고 보면 그 엄마의 사랑과 위로의 말은 좋게 보면 과장된 것이고 나쁘게 보면 점잖은 속임이다.

그러나 이 엄마가 '사랑의 거짓말'을 한 것은 아니다. 그와는 반대로 그 엄마는 알건 모르건 간에 삶은 이곳에서 지금 인간들을 괴롭히는 공포가 전부가 아니며 우리 모두가 당하는 고통과 아픔과 파멸과 죽음이 전부가 아니라는 자신의 확신을 증언하고 있다. 그런 것들이 사람에게 일어나지만 유일한 진실은 아니다. 가장 중요한 진실도 못 된다. '모든 것이 다 괜찮다.'는 그녀의 말은 당면한 상황을 넘어 그녀가 믿는 진실, 즉 궁극적으로는 만물과 그 만물의 주재이신 여호와께서 밤에는 평화롭게 자고 낮에는 씩씩하게 살도록 허락하신다는 신뢰를 암시한다. 종교적 믿음을 포함해서 어른의 정직을 눈여겨 본 에릭 에릭슨(Erik Erikson)은 이렇게 말했다.

"어른들이 아주 성숙해서 죽음을 두려워하지 않으면 그의 아이들도 건전해서 삶을 두려워하지 않을 것이다."

아이를 위로한 엄마의 말은 부모의 사랑에서 나왔지만 그녀가 그 말을 할 수 있었던 것은 '사랑이 죽음에 꺾이지 않는 세상, 혼돈을 내쫓아버리는 사랑의 능력에 대한 신뢰가 정당화되는 세상'에 대한 믿음 때문이다.

같은 방식으로 하루의 첫빛이 비추면 우리는 집에서 나와 위험을 무릅쓰고 세상으로 나간다. 그리고 평범한 대화로 다른 사람을 불러, 하나님을 증언하기 시작한다. 언어는 강력해서 말은 축복도 되고 저주도 될 수 있다. 말은 세울 수도 있고 허물어버릴 수도 있다. 말은 사랑과 신뢰의 관계를 만들 수도 있고, 명성을 무너뜨려버릴 수도 있다. 세상에서 하나님의 활동(공동체를 형성하고, 치유를 하고, 용서를 하고, 바르게 세우는 일)에 참여하기 위해 말을 할 때마다 우리는 하나님을 진실하게 증언해야 한다.

신학자 폴 틸리히(Paul Tillich)는 많은 사람들이 인용하게 되는 유명한 설교를 했는데 제목이 '너를 용인하신다.' 였다. 이 설교에서 틸리히는 은혜, 용서, 믿음으로 죄사함 받음(보다 익숙하고 비신학적인 언어로 말한다면 '용납')이라는 신학적 개념들에 대해 이야기를 했다. 설교에서 특히 감동스러운 한 부분을 보자.

"때로 빛의 물결이 우리의 어둠으로 밀려들어오면 마치 한 음성이 이렇게 말하는 것 같다. "너를 용인하신다. 너를 받아들이신다. 네가 알지 못하는 너보다 더 큰 이름으로 인해 너를 용인하신다. 그 이름을 지금 찾지 마라. 나중에 알게 될 것이다. 지금은 아무것도 하려고 마라. 나중에 많은 것을 할 것이다. 아무것도 구하지 마라. 아무것도 행하지 마라. 아무것도 의도하지 마라. 그저 네가 용인된 사실을 받아들여라!"

'너를 용인하신다.' 가 들어 있는 틸리히 설교 모음집이 나왔을 때, 감격한 사람 중에는 예일신학대학을 나온 데이비드 바틀렛(David Bartlett)도 있었다. 그는 지금 그 학교의 교수로 있지만 데이비드가 처음 예일에 갔을 때는 틸리히의 설교가 일부 교수들 사이에서 배척을 받고 있었다. 비판자들은 틸리히의 언어들이 신학적이지 않다고 주장했다. 바울 신학을 희석시켰고 믿음으로 말미암은 죄사함이란 신학적 교리를 '용납'이라는 실존주의적 개념으로 대체해버렸다는 것이었다.

바틀렛도 이 비판을 이해했다. 하지만 자폐아들과의 의사소통을 다룬 TV 프로그램을 보았을 때 그는 그 비판이 정당한 것인지 의아스러워졌다. 기자가 자폐아 자녀를 둔 건설 노동자와 인터뷰를 했다. 틸리히의 설교를 읽어본 적이 없었을 것 같은 그 노동자였다. 그 아버지는 자신의 아들이 얼마나 고립되고, 소외되고, 따돌림을 받고, 분리되었는지를 말하면서, '아들을 위해 바라시는 게 무엇입니까?'라는 기자의 질문에 마침내 입을 열었다.

"그 아이가 그저 받아들여지면 좋겠습니다."

매리 앤 버드(Mary Ann Bird)는 자신의 회고록 《속삭임 테스트(The Whiper Test)》에서 자신의 삶에서 용인이란 말이 가진 힘을 들려준다. 그녀는 한쪽 귀가 들리지 않았고, 언청이에다 코가 굽은 보기 흉한 얼굴이었고, 한쪽 발이 짧았다. 어린 시절 매리 앤은 신체적 장애뿐만 아니라 다른 아이들이 가한 정서적 상처로도 고통을 받았다. 학급 친구들이 '매리 앤, 네 입술이 왜 그래?'라고 물을 때마다 그녀는 '유리 조각에 베었어.'라고 거짓말을 했다.

학교에서 겪은 가장 힘든 경험 중 하나는 매년 시행하는 청력 검사였다. 아이들은 한 사람씩 선생님 책상으로 불려가 두 귀를 번갈아가며 덮었다. 선생님은 아이의 귀에 어떤 문장을 속삭였다. 이것이 '속삭임 테스트'였는데, 선생님이 한 말을 아이가 듣고 그대로 말하면 통과였다. 실패했을 때의 창피를 피하기 위해 매리 앤은 항상 속임수를 썼다. 선생님이 하는 말이 잘 들리도록 들리는 귀를 아무도 모르게 손을 살짝 오므려 덮었다.

어느 해 매리 앤은 학교에서 제일 인기 있던 래너드 선생님 반이 되었다. 매리 앤을 포함한 모든 아이들이 선생님 눈에 들고 싶어했고 선생님의 귀여움을 받고 싶어했다. 그러던 중 그 끔찍한 청력 검사 날이 돌아왔다. 순서가 되자 매리 앤은 선생님의 앞으로 불려나갔다. 그때를 매리 앤은 이렇게 적었다.

"틀림없이 하나님이 선생님 입에 넣어주었을 그 말들을 난 기다렸어요. 그 다섯 마디의 말들이 내 삶을 변화시켰어요."

매리 앤이 잘 들리는 귀를 손으로 살짝 덮자 래너드 선생님이 몸을 앞으로 숙여 속삭였다. 래너드 선생님이 속삭인 말은 "난 네가 나의 딸이라면 좋겠구나."였다. 매리 앤은 자신도 내면의 아름다움과 커다란 친절을 베푸는 그런 선생님이 되는 길을 갔다.

가장 신앙적인 증언이 때로는 아주 종교적이지 않게 들린다. 선생님의 격려의 속삭임이나 신문과 커피 잔 너머로 건네는 인사말이 '너를 용인한다. 네가 알지 못하는 너보다 더 큰 이름으로 인해 너를 용인한다.'는 의미를 전한다. 세상에서 하나님의 행하심(공동체를 형성하고, 치유를 하고, 용서를 하고, 바르게 세우는 일)에 참여하기 위해 말을 할 때마다 우리는 하나님을 진실하게 증언해야 한다.

하나님의 이름으로

모든 증언이 하나님을 직접적으로 말하지는 않는다 해도 그리스도인들은 조만간에 직접적인 하나님에 관한 대화(증언)를 하게 될 것이다. 그리스도인의 신실한 대화는 세상에서 하나님이 하시는 일을 말한다. 그 대화는 교제를 이루어내고 화평과 용납을 선포하고 바르게 세우는 일을 한다. 동시에 인간 존재의 모든 구석을 비추는 하나님의 빛에 대해서도 이야기한다. 도로시 데이는 노년에 이렇게 말했다.

"내 삶에서 어떤 것이든 이뤄놓은 것이 있다면 그것은 하나님에 대해 말하는 것을 부끄러워하지 않았기 때문이다."

그리스도인들은 하나님에 대해 말하는 것을 부끄러워하지 않는다. 이 말이 모든 그리스도인들이 세련된 신학자이거나 하나님을 논리정연하게 설명해낼 수 있다는 뜻은 아니다. 그 말이 의미하는 바는 그리스도인들이 하나님에 관한 대화를 예배당 안에만 가둬두지 않는다는 것이다. 그리스도인들은 공적인 장소에서도 대담하게 하나님의 이름을 말하고 하나님께 감사하고 하나님을 찬양하고 하나님께 부르짖고 하나님의 이야기를 나눈다.

몇 년 전에 친구 하나가 심한 복부 통증으로 병원엘 갔다. 소장이 크게 막혀 있다는 진단이 나와 응급 수술이 불가피했다. 수술 후 친구는 병상에서 아픔 때문에 고통스런 밤을 보냈다. 끝없이 길게만 느껴지던 밤이 지나고 동이 트자 처음 보는 중년의 간호사가 들어와 친구의 상태를 체크하기 시작했다.

"잘 주무셨어요?"

간호사가 부드럽게 물었다. 햇살이 퍼지는 창밖을 바라보며 친구가 대답했다.

"날이 좋을 것 같군요."

"하나님이 만드신 모든 날이 좋은 날이죠. 우리가 기뻐하고 즐거워할 날들이에요."

간호사가 말했다. 그리스도인인 친구는 그 말이 성경에 있는 구절임을 알고서 기억을 더듬어 다른 성경 구절을 읊었다. 그 구절을 알아들은 간호사는 마지막 부분을 친구와 함께 읊었다. 그러더니 또 다른 성경 구절을 말했다. 간호사가 주전자에 물을 채우고 담요를 매만지는 동안 그 간호사와 친구는 시편과 복음서를 넘나들며 성경구절들을 주거니 받거니 했다. 친구는 그때를 '한 사람이 한 구절을 시작하면 다른 한 사람이 이어받아 끝냈죠. 난 잠시나마 아픔과 불편함을 잊었어요.'라고 회상했다.

🌀 문을 열고 세상으로 나아가기

하루의 첫빛이 비치면 우리는 말을 시작한다. 하나님이 우리에게 먼저 말씀하셨으므로 우리도 하나님께 말씀을 드린다. 그리고 다른 사람들에게도 말을 한다. 하나님이 우리를 그렇게 하도록 만드셨기 때문이다. 우리가 더불어 사는 것이 좋다고 하셨다. 우리는 다른 사람들을 우리의 교제에 초청하기 위해, 그래서 그들이 그리스도의 평강을 누리도록 하기 위해 말을 해야 한다.

이제 하루가 시작되었다. 아침 식사가 끝나고 옷을 갈아입고 일하러 나갈 준비가 되었다. 가르치고, 기계를 다루고, 보험을 팔고, 트럭을 몰고, 집을 청소하고, 아이들을 기르고, 장부를 결산하고, 훈련을 시키고, 그 밖의 많은 일을 하러 나간다. 어떤 사람들은 나가서 교통 체증에 시달릴 것이고, 어떤 사람들은 다른 이들을 돌보기 위해 집에 머무는 것으로 하루의 일과를 시작할 것이다. 병상에 누워 있거나 감옥에 있는 사람들은 우리의 기도를 통해서 세상에 나설 것이다. 그리스도인으로서 우리는 그저 고용인이거나 통근자거나 시민이 아니다. 우리는 '증인'이고 우리가 세상에서 하는 일은 '증언'이다.

하루의 첫빛이 이제 따뜻하게 활짝 비췬다. 일하러 갈 시간이다.

걸음을 걷고, 말을 하고

하루 일과를 시작할 때, 그리스도인들도 다른 사람들처럼 학교에서 가르치고, 냉장고를 팔고, 부러진 뼈를 붙이고, 손님 시중을 들고, 컴퓨터를 다루고, 계산대에서 돈을 받는 일을 하러 나선다. 보수를 받고 하는 일이 없는 그리스도인일지라도 여전히 나름의 방식으로 세상에 참여한다. 병원에서 자원봉사를 하고, 공부를 하고, 아이들을 보살피고, 전화로 친구를 만나고, 시장을 본다. 하루의 임무를 수행하러 현관문을 열고 나설 때 그리스도인들이 신앙을 집에다 남겨놓지 않음은 물론이다. 이 점 때문에 하루가 매우 복잡하게 되기도 한다. 솔직히 예수님의 명령과 일, 사회적 여건, 관계 등의 생활의 요구가 비록 드러내놓고 충돌하지는 않더라도 서로 긴장하는 때가 있다. 그럴 때 그리스도인의 직장 생활은 수많은 도덕적 진퇴양난에 빠지게 된다.

그리스도인들이 세상에서 어떻게 말을 해야 할 것인가와 관계없는 상황은 하나도 없다. 하루를 보내며 거의 모든 일에서, 거의 모든 일터에서 그리스도인들은 다른 사람들과 말을 한다. 동료들과 말을 하고, 고객들과 말을 하고, 의뢰인들과 말을 하고, 환자들과 말을 하고, 학생들과 말을 한다. 일의 현장에서 어떻게 말을 해야 할까? 이렇게 나누는 이야기의 대부분은 분명히 종교적 이야기가 아닐 것이다. 그리스도인 은행원이라고 해서 고객에게 통장과 함께 성경구절을 건넨다는 의미가 아니다.

신앙과 세상일의 상호작용을 다룬 책 《월요일 접속(Monday Connection)》을 쓴 윌리엄 딜(William Diehl)은 '사무실의 복음전도자' 헬렌에 대한 이야기를 한다. 헬렌은 철강회사의 지역 사무소 직원들을 관리하는 주임이었는데, 그녀의 사무실 벽은 유리로 되어 있어 직원들이 일하는 모습이 보였다. 그녀의 책상에는 성경이 눈에 띄게 놓여 있었다. 개인적으로 어려움을 겪고 있는 부하 직원이 있다는 말을 들으면 헬렌은 그 사람을 자신의 사무실로 불러 성경을 읽어주었다. 선한 의도로 다른 사람들을 잘 챙겨주는 헬렌은 부하 직원들의 모든 어려움은 성경에서 그 해답을 찾을 수 있다고 굳게 믿었다. 그녀의 성경 읽어주는 행위는 부하 직원들에 대한 깊은 애정에서 행해진 것이었다. 하지만 그리스도의 증인이 되고자 한 시도는 그녀의 의도와는 반대로 직원들을 화나게 만들었다. 직원들은 헬렌이 그녀의 종교적 신념을 자신들에게 역설하는 것이 불만이었을 뿐 아니라 다른 사람들이 보는 데서 읽어주는 성경을 들어야 하는 것을 싫어했다. 개인적인 문제를 꺼냈다가 당하게 될지도 모를 헬렌의 '성경 읽어주는 행위'를 꺼리게 된 직원들은 점차 사무실에서 나누는 대화를 삼가하게 되었다. 결국 회사가 나서서 헬렌의 활동을 조정해야 했다.

예수님이 말씀하셨듯이 그리스도인들은 '뱀같이 지혜롭고 비둘기같이 순결'(마 10:16) 해야 한다. '비둘기처럼 순결하다'는 면에서 그리스도인은 신앙을 호흡처럼 자유롭게 말할 수 있어야 한다. 어떤 사회적 여건에서 솔직한 하나님에 관한 대화가 금기시된다는 사실은 그 대화가 부적절하다는 표시가 아니라 반대로 얼마나 강력하게 중요한 것인지를 나타낸다. '뱀처럼 지혜롭다'는 면에서 그리스도인은 솔직한 하나님에 관한 대화가 아주 강력하기 때문에 때와 장소와 대화 방법을 잘 골라야 한다는 것을 말한다. '사무실의 복음전도자'의 경우처럼 신앙을 솔직하게 나누는 것처럼 보이는 것이 때로는 다른 사람들을 밀어낼 수도 있으며 교묘히 조종당한다는 느낌을 줄 수도 있다. 전에 말했듯이 분명한 종교적 언어를 사용한다고 해서 항상 진정한 하나님에 관한 대화가 되는 것이 아니다. 예를 들어, 간음하다 붙잡힌 여자와 예수님의 이야기(요 8:1~11)를 읽어보자. 이 이야기에서 예수님은 하나님을 한 번도 언급하지 않으시지만 예수님의 말씀은 분명히 신앙적인 말이다. 예수님은 '너희 중에 죄 없는 사람이 먼저 그 여자를 돌로 치라.'고 말씀하셔서 사람들이 여자를 비난하는 걸 멈추게 하신다. 여자에게는 '나도 너를 정죄하지 않겠다. 가서 다시는 죄를 짓지 마라.'고 하심으로써 은혜를 베푸신다. 도전과 용서와 용기 있는 동정이 가득한 예수님의 말씀에는 하나님의 기운이 가득하다. 예수님은 '하나님'이라는 말은 하지 않으시지만 예수님의 말씀은 하나님의 말씀이다.

그러니 그리스도인의 대화는 항상 반드시 종교적인 대화가 아닐지라도 항상 진실한 대화여야 한다. 그 말은 세상에서 우리가 하는 말이 무엇이든지 간에 신앙에 의한 것이어야 한다는 의미다. 그리스도인은 증인이다. 우리는 세상으로 나가 진리를 말하라고, 증언을 하라고 부름을 받았다. 세상에 나와 갖가지 상황에서 모든 부류의 사람들과 이야기를 할 때 그리스도인은 진리를, 온전한 진리를, 유일한 진리를 말하고 싶어한다.

그저 진실을 말하라. 간단한 말이지만 물론 간단하지가 않다. 우리의 문화에서 그렇게 했다간 번번이 가장 위험스러워지는 일이 되기 때문이다.

◉ 돌려서 말하기

코미디 영화 〈미친 사람들(Crazy People)〉에서는 어느 날 문득 진실을 말하겠다는 터무니없는 생각을 한 홍보 책임자 에모리 리슨(Emory Leeson)이 나온다. 에모리는 동료에게 말한다.

"솔직해집시다. 당신과 나는 생계를 위해 거짓말을 하고 있어요."

그래서 감히 현세태를 거슬러 에모리는 한 점 거짓 없이 솔직한 광고 초안을 만들기 시작한다. 어떤 제품들이 사람들을 어떻게 더 행복하게, 더 매력적으로, 더 부유하게 만드는지 교묘한 속임으로 선전하는 대신, 다음과 같이 선전했다. '볼보: 모양은 상자처럼 생겼습니다. 그러나 안전합니다.' 또는 '유나이티드 항공: 승객 대부분이 살아서 목적지에 도착합니다.'

예상할 수 있듯이 에모리의 튀는 행동은 상사와 부딪히게 되었고 상황은 악화되어 정신이 이상해진 게 아닌가라는 의심까지 받게 된다. 그래서 에모리는 정신병원에 보내지게 되는데 에모리가 정신병원에 갇혀 있는 동안에 그의 직무 대리인의 실수로 그가 만든 광고가 전파를 타게 된다. 대중은 꾸밈없는 진실을 말하는 광고를 보고서 충격을 받고 놀라면서도 즐거워한다. 그리고 매출이 급상승을 한다.

어이없는 할리우드 영화라고? 하지만 〈미친 사람들〉은 최소한 두 가지 면의 지혜를 담고 있다. 첫 번째는 **진실에 대한 열망**이다. 모든 사람이 거짓말 없는 사회를 열망한다. 하지만 '미친 사람들'에 있는 두 번째 지혜는 잡아내기가 쉽지 않다. 우리는 밖으로는 웃으면서도 속으로는 걱정을 하는 때가 많다. 영화는 생계를 위해 거짓말을 하면서 진실을 말하는 사람이 미친 사람이라고 여기는 광고계를 풍자해서 많은 웃음을 자아낸다. 하지만 관객의 웃음은 자기 방어 기제에서 나온 것이리라. 거짓말에 민감하게 걱정하는 것은 인간의 본성이다. 우리에게는 진실에 대한 열망뿐만 아니라 진실을 말해줄 사람 또한 필요하다. 사실은 그런 사람을 아주 애타게 찾기 때문에 반쪽짜리 참말이나 속임에는 상처를 쉽게 받는다. 다른 사람의 말을 믿고 싶어하기에 직감적으로 조심해야겠다는 생각이 들 때조차도 그대로 믿고 싶어한다.

너무 똑똑해서 거짓말이나 유혹에는 끌려들어가지 않는다고 스스로를 안심시키려고 〈미친 사람들〉 같은 영화를 이용한다. 그렇지 않은가? 다른 사람들은 속기 쉬울지 몰라도 나는 아니라고. 나는 속을 뻔히 다 알고 있고, 그런 수에는 안 넘어간다고.

그렇지만 그런 수에 넘어가는 것이 사실이다. 우리에게 중요한 모든 것(사랑하는 사람들, 인생을 걸 목표, 살아가는 방식 등)은 진실하고 믿을 만한 말에 달려 있고, 우리는 끝없이 약해서 속기 쉽다. 우리 모두는 광고에 거짓이 섞여 있다는 사실을 잘 알고 있다. 하지만 다음번 TV 광고에서 새로 나온 두부는 유기농 콩으로 만들어졌다느니 새로운 세제는 더 효과가 좋다고 광고를 하면 여전히 관심을 기울인다. 사람들은 거짓된 사랑으로 가슴이 아플 수도 있지만 성실한 사랑을 약속하는 매력적인 상대를 만날 기회에 기대를 건다. 어떤 사람은 승진에서 탈락했지만 다음 번에 잘 봐주겠다는 상사의 말에 또 기대를 건다. 소비자 전문가들은 사기꾼들과 속임수들이 주변에 널렸다고 경고를 한다. 이런 사기들이 되풀이하여 일어나는 이유는 피해자들이 바보여서가 아니라 사람이기 때문이다. 믿고 싶은 것이 바로 사람이다. 들은 말이 참말이라고 믿고 싶은 것이 바로 사람이다.

우리는 신뢰할 수 있는 말이 없다면 살 수가 없다. 신뢰할 수 있는 말이 없다면 사람일 수가 없다. 최소한의 어떤 말들을 믿을 수 없다면 우리는 자신이 누군지도 알 길이 없고 사랑의 관계를 쌓을 수 없으며 어떻게 살아야 할지에 대한 적절한 계획마저도 세울 수가 없다. 그러니 반쪽짜리 참말이나 엉터리 거짓말에 몇 번을 넘어졌든지 간에 다음 번을 위해 곧바로 일어난다. 그리스도인들이 진실을 말할 때 그 사람들은 좋은 사람들이라는 단순한 의미가 아니다. 사람들이 가장 듣고 싶어하는 말을 한 것이다.

매일의 생활이 말의 확실성과 신뢰성에 달려 있다는 것을 보여주기 위해 철학자 C. A. J. 코디(C. A. J. Coady)는 자신이 암스테르담으로 여행을 간다고 가정한다. 비행기가 공항에 도착하면 코디는 암스테르담에 도착했다고 믿는다. 암스테르담에 한 번도 가 본 적이 없는 그는 암스테르담을 확실히 알아서가 아니라 기장이 기내 방송을 통해 암스테르담에 착륙할 것이라고 했기 때문이다. 호텔에 도착해 이름이며 생년월일이며 국적 등을 알려 주고 체크인을 한다. 이 모든 사항은 단순히 코디가 사실이라고 알려주는 것인데도 직원은 사실로 받아들일 뿐만 아니라 코디 자신도 사실이라고 믿는다. 코디는 자신의 이름이 C. A. J. 코디이며 모월 모일에 태어났다고 확신한다. 그리고 자신이 몇 살이라는 것도 구체적인 증거 때문이 아니라 다른 사람들이 사실이라고 말해주었기에 확신한다.

다음 날, 잠에서 깬 코디는 호텔 측에 전화를 걸어 지역 시간을 묻는다. 그리고 직원이 말해준 대로 믿는다. 아침을 먹으며 150여 년 전에 살았던 나폴레옹의 놀라운 업적을 적은 책을 읽는다. 그리고는 비록 나폴레옹을 개인적으로 만났거나 그의 업적을 직접 경험해본 적이 없지만 나폴레옹이란 중요한 인물이 역사 속에 있었다고 믿는다. 조간신문에 스페인의 쿠데타 소식이 실렸다. 그는 이것을 스스로 입증할 방법이 없지만 이 뉴스를 사실로 받아들인다. 아침식사 후 코디는 다른 사람들의 말을 한 번 더 믿고서 관광안내도를 들고 호텔을 나선다. 첨단 과학시대를 사는 우리는 우리의 지식과 의사결정이 확고한 증거에 기반을 두고 있다고 생각할지 모른다. 하지만 실제로 우리의 삶은 주로 증언에 기반을 두고 있다. 매일의 삶이 다른 사람들이 우리에게 하는 진실한 말에 의존하고 있다.

광고인들이 진실을 말하는 세상을 우리가 꿈꾸는 것도 무리는 아니다. 공적인 이야기들이 속이거나 돌려 말해지지 않기를 열렬히 바라는 것도 무리는 아니다. 우리가 사람들의 언행일치를 간절히 바라는 것도 무리는 아니다. 그렇기에 우리 그리스도인들이 세상의 일터로 나가서 할 일도, 또 세상이 우리에게서 가장 얻고자 하는 것도 진실을 말하는 것이다. 이 말이 생소해서 놀랍기도 하고, 〈미친 사람들〉의 풍자처럼 정신나간 소리같이 들릴지도 모르지만 그리스도인의 증언이란 그렇게 진실을 말하는 것이다.

일상에서 진실을 말한다는 것이 간단하고 명료한 일로 보일지도 모르겠으나 그렇지가 않다. 위험성이 크다. 거짓말과 속임은 단순히 매스컴의 조작이나 정치적 계략의 결과가 아니다. 속임과 진실의 싸움은 인류의 가슴 속에 깊숙이 자리하고 있으며 인류 전(全) 역사에 걸쳐 나타난다. 은근슬쩍 돌려서 말하는 것은 어제 오늘 시작된 문제가 아니라 인류의 역사와 함께 시작된 것이다.

에덴동산의 뱀

말의 문제, 진실과 거짓말의 문제, 정직과 속임의 문제는 에덴동산에 있던 아담과 하와에게까지 거슬러 올라간다. 성경은 바로 최초의 사람들에게 시작부터 무슨 일이 있었는지 알려준다. 그러나 신학적으로 볼 때 에덴동산의 이야기는 모든 사람에게 항상 일어나는 일이다.

"에덴동산이 어디 있나요?"

한 사람이 칼라일 마니(Carlyle Marney) 목사에게 물었다.

"테네시 주 녹스빌 시 느릅나무거리 25번지요."

마니 목사가 대답했다.

"거짓말 마십시오. 아시아의 어디쯤이 아닌가요?"

그 사람이 비웃으며 말했다. 마니 목사가 말했다.

"글쎄요, 제 이야기를 들으면 그렇게 생각하지 않으실 겁니다. 느릅나무거리에도 있거든요. 제가 아이에 불과했을 때 엄마의 지갑에서 25센트를 훔쳐 사탕을 사 먹었죠. 그리고 나서 어찌나 부끄럽던지 집에 돌아와서는 옷장 속에 숨었습니다. 엄마는 옷장 속에서 나를 찾아내서 물으셨죠. '너 어디 있는 거니? 왜 숨어 있어? 무슨 짓을 한 거야?'"

일반적인 시각에서 보면 아담과 하와 이야기는 유혹에 대한 이야기다. 하지만 실제로는 진실과 신뢰에 대한 이야기다. 널리 알려지기로는 뱀은 하와에게 접근해 먹음직스런 열매로 하와를 유혹한다. 그러나 그것은 이야기의 실상이 아니다. 창세기를 보면, 간교한 뱀은 열매나 여타 어떤 것으로 하와를 유혹하지 않았다. 사실 그 뱀은 사과에는 관심도 없었다. 뱀이 관심을 둔 것은 '말'이었다. 뱀의 말은 교활한 말이었고 애매모호한 말이었으며 거짓말이었다.

뱀이 시작하는 말을 보자. '하나님이 참으로 너희에게 동산 모든 나무의 열매를 먹지 말라 하시더냐'(창 3:1) 그것이 뱀이 여자에게 한 첫 말이었다. 아주 똑똑한 문제 내기 방법이다. '하나님이~말씀하셨느냐?' 의도를 교묘히 숨긴 말이고 대화를 부드럽게 시작하는 말이다. 하지만 뱀은 이 결백해 보이는 말을 함으로써 말이 들리는 대로가 아닐 수도 있는 교묘한 가능성을 인류 역사상 처음으로 보여 주었다. '하나님이~말씀하셨느냐?' 뱀은 하나님을 거짓말쟁이라고 부르지 않았다. 뱀은 비난하지도 않았고 주장하지도 않았다. 대신에 여자의 마음에 말에 대한 의심의 씨앗을 심었을 뿐이다.

뱀은 이웃의 친구에게 "네 엄마가 '정말로' 진흙탕에서 놀지 말라고 하셨어?"라고 묻는 아이와 같다. 바로 그 질문은 엄마의 권위와 신뢰성은 언급하지 않으면서 그 말에 대해서는 반신반의를 불러일으키고 말의 권위와 신뢰성에 교묘하게 도전을 한다. 너의 엄마는 저 진흙탕이 아니라 이 진흙탕을 말씀하신 걸 거야. 너의 엄마가 놀지 말라고 하신 건 어제고 오늘은 괜찮을 거야. 어쩌면 너의 엄마가 우리에게 말씀하신 것이 아닐지 몰라. '정말로~말씀하셨어?' 그 질문은 엄마가 이렇게도 말했을 수 있고 저렇게도 말했을 수 있다. 그러니 엄마의 말은 그저 말에 불과할 뿐일 수도 있다고 교묘하게 암시를 하는 것이다. '하나님이~말씀하셨느냐?' 글쎄, 하나님은 그렇게 말씀하신 것일 수도 있고 아닐 수도 있다. 어쩌면 어떤 말이라도, 하나님의 말일지라도 해석을 해야 하는 것일 수도 있고 완전히 진실한 말이 아닐지도 모른다. 바로 이것들이 언뜻 해롭지 않은 간단한 질문처럼 보이는 뱀의 물음 속에 들어 있는 사악한 암시들이다.

에덴동산에서 뱀과 하와가 나눈 모든 말을 하나하나 주의 깊게 살펴보면 놀라운 사실이 드러난다. 간교한 뱀은 거짓말이 드러나지 않도록 말을 한다. 뱀은 진실을 잘게 파괴하지만 명백한 속임이라고는 보이지 않게 한다. 뱀이 말하는 것은 '한편으로 진실'이다. 같은 방식으로 많은 TV 광고와 제품 품질보장과 인쇄매체 광고들은 '한편으로 진실'이다. 그렇지만 대화의 끝에 가면 진실은 깎여나가고 묻치게 된다. 은근슬쩍 돌려 말하기와 반 토막 진실은 하나님 말씀과 사람의 말 속에 든 진실을 몰래 손상시킨다. 이제 사단은 모든 것을 손쉽게 얻을 수 있다. 말은 말한 사람의 의도대로인가? 하나님은 진실을 말씀하시는가? 사람들은 진실을 말하는가? 하나님을 신뢰할 수 있는가? 다른 사람을 믿을 수 있는가? 라고 말하면서.

에덴동산은 말이 말장난으로 변해버린 애석한 현실을 보여준다.

그 대가는 신뢰의 상실이다. 사람들 사이의 신뢰 상실, 우리와 하나님 사이의 신뢰 상실이다. 매일의 경험을 통해 이 모든 것은 너무나 잘 알려져 있다. 봉투의 투명한 비닐 창으로 보니 상품권처럼 보이는 우편물이 배달되었다. 봉투에는 '당신에게 드리는 우리의 선물!' 이라고 적혀 있다. 뜯어 보니 곧바로 쓸 수 있는 2만5천 원 상품권이다. '단골손님에게 드리는 사은 행사'라고 적혀 있다. 그런데 상품권 뒷면에는 작은 글씨가 몇 줄 더 적혀 있다. 상품권을 쓰면 자신도 모르게 전화회사가 바뀌지게 되거나 보험에 들게 되거나 여행 잡지를 구독하게 되는 것이다.

'하나님이~말씀하셨느냐?' 하나님의 말에 대한 신뢰를 겨냥한 간단한 질문으로 에덴동산에서 시작된 말은 사실은 거짓말인 '한편으로 진실'로 끝난다.

그러면 그리스도인들은 세상에서 어떻게 말을 해야 하는가? 그리스도인들은 신뢰할 수 있는 방식으로 이야기를 해야 한다. 다른 모든 사람들과 마찬가지로 그리스도인들도 매일의 삶에서 아주 많은 방식으로 말을 한다. 전화로 대화를 하고, 식당에서 주문을 하고, 의뢰인들에게 설명을 하고, 환자들을 상담하고, 고객들의 불평을 처리하고, 커피를 마시며 이야기를 나눈다. 그리스도인들이 갖가지 다양한 방식으로 온갖 여건에서 이야기를 하지만 어떤 상황에서도 제일 되는 목표는 진실을 말하는 것이다.

돈 플로우(Don Flow)는 자동차 판매상이다. 그가 진실을 말하겠다고 결심한 것을 알면 사람들은 놀랄지도 모르겠다. 자동차 판매상은 정직성으로 따지면 별로 알아주지 않는 직업이다. 하지만 그는 꼼꼼한 그리스도인이라 신앙과 일의 관계를 고민해왔다. 플로우는 '하나님의 나라를 보여주는 관계' 형성을 돕는 일을 하라고 하나님께서 부르셨다고 믿었다. 그래서 자신이 하는 이 일에서 진실을 말하는 것이 자신의 소명이라고 생각했다. 플로우는 이렇게 말한다.

"진실을 말하는 것이 신뢰를 쌓아가는 토대입니다. 간단히 말하면 우리는 믿을 수 있는 사람을 신뢰하고 진실을 말하는 사람을 믿지요."

돈 플로우가 진실을 말해야 한다고 깨달은 것은 예배를 통해 배운 생각이다. 그는 '말씀이 육신이 되어…은혜와 진리가 충만하더라'(요 1:14)라는 요한복음을 인용하며 이렇게 말한다.

"은혜와 진리는 육신이 된 말씀의 보증이었습니다. 이 둘이야말로 부활하신 주님을 향해 선 사람들을 가리키는 핵심이라고 믿습니다."

진실을 말하는 것이 플로우나 세상에 나선 다른 그리스도인들에게 쉬울 거라고 생각하는 사람은 없을 것이다. 플로우가 차를 팔면서 진실을 말하고 싶은 자신만의 소망을 따로 뗄 수는 없다. 어떻게 보면 플로우의 소망은 그 차들의 생산·판매·점검·수리하는 삶의 사슬을 형성하는 수많은 다른 사람들의 성실성에 놓여 있다고도 할 수 있다. 게다가 플로우는 경쟁자들이 자신처럼 정직하지 않을 수도 있는 아주 경쟁적인 환경에서 차 판매상을 하고 있다. 다른 말로 하면 돈 플로우를 포함해 세상에 나선 모든 그리스도인들은 전적으로 우리 자신이 만든 조직이나 구조 속에서 살고 있는 것이 아니다. 사도 바울은 '우리가 단지 혈과 육을 상대로 싸우는 것이 아니라 정사와 권세를 상대로 싸우는 것이다'라고 말한다.

경쟁이 살벌한 시장에서 진실을 말하겠다고 결심한다고 해서 갑작스레 신뢰할 수 있는 말을 하고 도덕성이 깨끗해지는 것은 아니다. 하지만 진실 말하기가 시작점이다. 하나님은 사람에게 귀한 말씀을 주셨다. 하나님은 우리에게 서로 진실을 말하고, 신뢰의 관계를 만들고, 사랑과 친밀을 표현하고, 기쁨으로 찬송하고, 진정으로 기도하라고 말씀하셨다. 기만하고 공격하는 말을 하는 세상에서, 진실을 감추려는 야바위 노름 같은 말을 하는 세상에서 진실을, 온전한 진실을, 유일한 진실을 용감하게 말하는 사람들이 있다는 것은 가슴 속이 시원해지고 세상을 뒤흔들기조차 하는 사건이다.

지혜로운 진실

그리스도인들이 일을 하는 세상에서 진실을 말하라고 부름을 받았다는 말이 어떤 상황에서건 불쑥 꾸밈없는 진실을 말해야 한다는 뜻은 아니다. 숨김없는 사실들이 냉담하고 가혹할 때가 있다. '너는 왜 이렇게 미련하고 굼뜨니?'라는 말이 사실일 수는 있지만 잔인한 말이기도 하다. 외과의사가 환자 입원실로 성큼성큼 걸어 들어와 '검사 결과가 나왔습니다. 앞으로 겨우 몇 주 정도 사시겠습니다.' 했다면, 열정으로 진실을 말했을 수는 있지만 말하기 전에 더 조심했어야 한다.

하버드대학교 기념교회 목사인 피터 곰스(Peter Gomes) 교수가 직접 경험한 그리 덕스럽지 않은 참말 경험을 들어보자. 어느 토요일 아침 곰스가 교회 사무실에서 분주하게 일을 하는데 전화가 울렸다. 전화를 받으니 건너편 상대방이 물었다.

"내일 아침 누가 설교하나요?"

곰스는 전화 받는 사람이 누구인지 알리는 게 싫어서 제3자처럼 대답을 했다.

"기념교회 목사인 기독교 윤리학 교수가 설교합니다."

침묵이 잠깐 흘렀다. 그러더니 건너편 상대방이 이렇게 물었다.

"그 키 작고 뚱뚱한 흑인말인가요?"

순간 불쾌해진 곰스는 무뚝뚝하게 그렇다고 하고 전화를 끊어버렸다.

이 경험을 나중에 돌이켜보면서 곰스는 왜 그렇게도 마음이 언짢았는지를 생각해보았다. 전화를 건 상대방은 모욕이나 화를 돋우려는 의도가 없었을 것이고 인종차별주의자도 아니었을 것이다. 그 상대방은 사실상 객관적인 진실을 말했을 뿐이었다. 그렇지만 상대방은 곰스가 전화를 받은 줄도 모르고 곰스의 이미지에 구멍을 냄으로써 무심결에 손상을 입혔던 것이다.

"제가 키가 큰 금발이라거나 덴젤 워싱턴을 닮은 사람이라고 생각하지는 않아요. 그렇지만 신체적인 특징이 다가 아니라고 생각했거든요."

 온전한 진실을 말하는 것이 어째서 언제는 잘한 일이 되고 또 언제는 그렇지 않게 되는 걸까? 그리스도인들은 수 세대를 거쳐오면서 진실은 그것이 무엇이냐는 내용뿐만 아니라 그것이 하는 일이 무엇이냐는 기능도 중요하다는 걸 알게 되었다. 그리스도인의 관점에서 본다면 진실은 명사라기보다는 오히려 동사와 같다. 진실은 일들이 벌어지게 만든다. 그래서 그리스도인들은 사실을 곧바로 받아들이고 진실을 과감하게 말하지 않으려고 한다. 시기와 영향과 관계들을 살핀다.

 고등학생 때 기타 연주하는 법을 배우려고 노력하는 내게 누군가가 와서 '네가 기타 연주에 소질이 있다고 생각한다면 그건 오산이야.'라고 말했다. 그 말이 진실이었을 수는 있다. 하지만 효과적인 진실이었을까?

 한편으로 생각하면, 그 말 덕분에 여러 사람들 앞에서 셀 수 없이 많은 망신당할 순간들을 모면하게 되었고 자신에게 속아 제2의 앙드레 세고비아(Andres Segovia)나 에릭 크랩턴(Eric Clapton)이 되려는 헛된 시간 낭비를 피하게 되었으니 나에게 딱 필요한 사실이었을 수도 있다.

 반대로 생각하면, 그 말 때문에 나는 기타 배우기를 포기하고 기타 연주법을 익히는 동안 얻었던 기쁨과 만족과 단련과 자기인식을 빼앗기고 기타 연주가의 희망이 여지없이 꺾여버린 것이었을 수도 있다. 결국, 나는 카네기 홀에서의 연주나 알만 브라더 밴드를 이끄는 연주자가 되는 것이 나와는 먼 것임을 깨달았다. 그리스도인들은 무엇을 사실이라고 확신다고 해서 불쑥 말해버리지는 않는다. 하나님의 진리는 단순한 사실보다 훨씬 복잡하다. 말은 작용을 한다. 말은 일을 불러일으킨다. 말에는 영향력이 있다. 그래서 그리스도인들은 진실을 이야기할 때 그 영향력을 고려해야 한다.

그리스도인이 진실한 말을 할 때는 어떤 기교나 방법이 중요한 것이 아니라 신앙의 기본이 무엇인지를 아는 것이 가장 중요하다.

〈뉴요커(New Yorker)〉 잡지에 실리는 만화와 농담에 누군가에게, 예를 들면 도서관의 안내를 하는 사람이라든지 백화점의 산타에게 "인생이란 뭐죠?"라고 묻는 것이 단골 메뉴로 등장한 때가 있었다. 마치 질문을 받은 그 사람이 답을 알고나 있다는 듯이, 마치 인생의 의미를 한 문장으로 나타낼 수 있다는 듯이 말이다.

그러나 어느 날 율법학자가 예수님께 바로 이 질문을 던졌을 때는 전혀 농담거리가 아니었다. "모든 율법의 계명 가운데서 어느 계명이 가장 큽니까?"

다시 말하면 그 율법학자는 '이 인생 전체에서 무엇이 가장 중요합니까? 인생의 핵심적인 의미가 무엇입니까?'라고 물은 것이다.

예수님은 하나가 아닌 두 계명을 말씀하심으로써 대답해주셨다. 예수님은 첫째 계명을 말씀하셨다.

"네 마음을 다하고 목숨을 다하고 뜻을 다하여 주 너의 하나님을 사랑하라."

그리고서 예수님은 두 번째 계명을 더 하셨다.

"네 이웃을 네 자신같이 사랑하라."

예수님은 율법에 있는 다른 모든 것들은 이 두 계명에서 나온 것이라고 하셨다.

하나님을 사랑하고 자신의 이웃을 사랑하라는 것이다. 이것이 우리 신앙의 본질적인 가르침이고 우리 삶의 중심 목표이며 모든 것이 그 둘을 중심으로 해서 구성될 수 있다. 이 두 목표는 그리스도인들이 세상에 나가 어떻게 말을 해야 하는지를 위한 기준이 되고, 그리스도인의 진실 말하기에 대한 평가가 된다. 그리스도인들이 진실을 말하려고 하는 것이 단지 정확하고 싶어서나 거짓말하다 들키고 싶지 않아서가 아니다. 그리스도인은 하나님에 대한 사랑과 이웃에 대한 사랑을 키우기 위해 진실을 말한다. 적용하기가 어렵기는 해도 이 두 가지가 그리스도인의 증언을 가늠해볼 수 있는 측량자이다.

어떤 코미디언들은 사람들에게 무례한 일을 해서 사람을 웃긴다. 다른 사람들 같으면 사람들의 등 뒤에서나 속삭일 일을 사람들의 면전에 대고 말한다. 이 코미디언들이 하는 사람들을 모욕하는 말은 말이 가진 어두운 면과 상처를 주는 말의 위력을 보여준다. 그들은 말이 주는 충격으로 웃음을 만들어낸다. 우리가 느끼는 말의 고유 기능과는 정확히 반대로 말을 사용해서 웃음을 만들어낸다. 그런 말들은 하나님에 대한 사랑과 이웃에 대한 사랑을 키워주지 않는다. 그런 말들은 하나님의 사랑을 멀리하게 하고 이웃에 대한 우리의 관심을 찢어 버린다. 요컨대 그런 말들은 사람들이 처한 처지를 알려준다.

얄궂게도 우리 그리스도인들도 처지를 알려주는 말을 한다. 그러나 그리스도인들이 갖는 '처지'에 대한 시각은 다르다. 그리스도인들은 모든 사람들이 하나님의 형상대로 창조되었고, 지하철 옆자리에 앉은 사람부터 햄버거 집에서 일하는 사람에 이르기까지 모든 사람들을 하나님이 '영화과 존귀'(시 8:5)로 관을 씌워 주셨다고 믿는다. 이것이야말로 사람들의 올바른 처지이다. 그래서 우리는 사람들에게 하나님이 주신 이 처지를 알려주는 말을 하고 싶은 것이다.

하나님이 모든 사람들을 영광과 존귀로 관을 씌워주셨다는 신념은 우리의 원수들에게도 적용되고 자신들에게 있는 하나님의 형상까지 부인해버린 사람들에게마저도 적용된다. 샘 바우어스(Sam Bowers)는 버논 다머(Vernon Dahmer)를 소이탄(목표물을 불살라 없애는 데 쓰는 포탄이나 폭탄)으로 죽인 사건에 대해 4차례의 무효재판 끝에 마침내 1998년 8월에 유죄를 선고받았다.

1966년 1월 10일 새벽 직전에 당시 KKK 백인 기사단의 일원이었던 바우어와 몇 명의 단원이 미시시피 해티즈버그의 외곽에 자리한 다머의 집으로 차를 몰았다. 다머네 가족이 자고 있는 동안에 바우어 일행은 식료품 가게가 딸려 있는 다머의 집에 휘발유를 뿌리고 불을 질렀다. 다머의 세 아이들 중 10살 난 딸이 화상을 입었고, 다머는 그 날 오후에 결국 죽었다. 다머가 그런 끔직한 일을 당해야 했던 이유는 자신의 식료품 가게를 흑인들이 주민세를 내는 장소로 제공했다는 것이었다.

1998년의 바우어 재판을 위해 법정에 출두한 사람들 중에는 윌 캠벨(Will Campbell) 목사가 있었다. 침례교 목사이자 미시시피 대학의 채플 목사를 역임했던 캠벨은 생각이 거리낌 없기로 유명한 사람이었다. 또한 꾸준히 시민권리운동과 인권운동에 참여하고 있었다.

그런 캠벨이 죽은 버논의 미망인 앨리 다머(Ellie Dahmer)뿐만 아니라 피고인 샘 바우어에게까지 친구로 반겨지는 것을 본 법정 기자들은 충격을 받았다. 재판이 휴정된 동안 캠벨이 앨리 다머와 샘 바우어에게 똑같이 친근하게 이야기를 하자 이를 본 신문기자들 중 하나가 피해자와 살인을 저지른 흉악한 괴물 같은 사람 둘 다에게 어떻게 똑같이 우호적일 수 있느냐고 물었다. 그러자 언제나 신랄한 캠벨이 대답했다.

"빌어먹을(G-dammit)! 내가 그리스도인이기 때문이오."

시민권리운동에 빠져 있던 대학교 채플목사 시절에 캠벨은 그리스도인으로서 자신과 공통된 견해를 가진 친구들뿐만 아니라 적들하고도 함께 지내야겠다고 마음먹었다. 그 결과 샘 바우어와도 만나서 시간을 보냈다. 한번은 그를 만나서 차를 타고 가는데 바우어가 공동묘지 옆에서 멈추었다. 친구의 무덤에서 기도를 하기 위해서였다. 기도를 끝내고 차로 돌아온 바우어가 울고 있었다. 그러자 캠벨이 말했다.

"짐승은 울지 않소. 하지만 사람은 친구의 무덤에서 운다오."

적이든 친구이든, 이방인이든 동료든 간에 그리스도인들은 모든 사람을 그리스도 안의 이웃으로 본다. 식당에서 종업원이 물병을 들고 와 묻는다.

"더 필요한 것은 없으신가요?"

일상 겪는 수많은 다른 경우들과 마찬가지로 간단하고 악의 없이 주고받는 대화이다. 우리는 어떻게 응답해야 할까? 종업원에게 우리가 어떻게 응답하는지 누가 신경이나 쓴단 말인가? 진실을 말해서 '하나님과 이웃에 대한 사랑을 키우게' 되도록 응답에 신경 써야 한다면 이상하고도 지나치게 까다로운 것일 수도 있지만 그리스도인들이 분명 해야 할 일이다. 국그릇에서 눈을 떼지도 않은 채 '예.' 하기보다는 눈을 들어 종업원의 얼굴을 보면서 '고마워요.' 하는 것에 불과할지라도 우리의 말은 신앙에서 나와야 한다. 이런 말은 쉽게 나오지 않는다. 생각을 해야 하고 배워야 하고 연습해 보아야 한다. 이 기술을 익히기 위해 우리에게는 학교가 필요한데 교회가 바로 하나님과 이웃을 사랑하는 방식으로 말을 하도록 가르치는 하나님의 언어학교이다.

예배에서 배우기

찬송하고 기도하고 설교를 듣고 평강의 인사를 전하는 예배를 드릴 때 그리스도인들은 하나님을 찬양할 뿐만 아니라 세상에서 말하는 방법도 배운다. 앞에서 예배는 예배 후 여섯 날 동안에도 신실하게 말하기 위한 총연습인 것을 배웠다. 이것은 세상의 일터에서뿐만 아니라 개인적인 관계들에도 해당된다.

예를 들어, 보험회사의 그리스도인 관리자가 직원들 중 하나를 연례적으로 재검토한다고 상상해보자. 그 직원이 평가를 받기 위해 방에 들어오면 관리자는 어떤 사람을 보게 될까? 관리자는 분명히 한 사람의 직장 동료, 일정한 업무를 맡고 있는 사람을 볼 것이다. 어떤 분야에는 능숙하고 어떤 분야에는 미숙한 사람으로 볼지도 모른다. 하지만 예배를 드린 사람이기 때문에 관리자는 그 이상을 본다. 건너편 열에 있던 교우들의 손을 잡고 '주 예수 그리스도의 평강이 함께 하시길 빕니다.' 하지 않았던가. 하나님께서 '우리의 형상을 따라 우리의 모양대로 우리가 사람을 만들고'(창 1:26)하신 성경 말씀을 듣지 않았던가. 그래서 관리자는 이 사람이 단지 한 사람의 회사 직원만은 아니라는 걸 안다. 이 사람은 하나님이 만드신 사람이고 그러면 이 점을 존중하는 사람답게 말을 해야 한다.

그렇다고 해서 관리자의 말이 듣기 좋은 말이어야만 한다는 뜻은 아니다. 관리자는 진실을 이야기할 것이고 그러면 불가피하게 직원의 장점뿐만 아니라 단점도 지적하게 될 것이다. 하지만 관리자의 말은 신앙에서 배운 바를 따라 나올 것이다. 그러면서 관리자는 자신이 단순히 업무를 수행하고 있는 것이 아니라 믿음의 봉사를 하고 있다는 것을 안다. 이 업무는 그저 회사의 일이 아니다. 이 업무는 그저 이 직원을 평가하는 것이 아니라 이 직원을 존귀하게 여기고 하나님과 이웃에 대한 사랑을 키워가기 위해 이야기를 하는 것이다. 관리자로서 그 역할에 따른 책임과 권력을 행사해야 하지만 하나님의 피조물인 동료에게 이야기를 하는 그리스도인이기도 하다. 그러니 그 직원 위에 군림하지는 않을 것이다. 비록 하기 어려운 말을 해야 할지라도 말이다.

마가복음에 따르면 한 부자 청년이 예수님께 나아와 질문을 했다.

"선한 선생님, 제가 무엇을 해야 영원한 생명을 얻겠습니까?"

"계명들을 알고 있지 않느냐?"

"예, 압니다. 저는 그 계명들을 어려서부터 다 지켜왔습니다."

이 이야기의 진행을 앞질러 죽 나가보면 예수님은 아무도 듣고 싶어하지 않을 어려운 일을 이 남자에게 곧 말씀하실 것임을 알 수 있다. 예수님은 그의 일그러진 자화상과 충족되지 않은 영적 생활을 말씀하실 참이다. 더 없이 솔직해서서 그에게 인간성의 본질적인 면이 '부족'한 것을 숨김없이 말씀하실 참이다. 게다가 인간성을 회복하고 하나님과의 관계를 회복하려면 뼛속까지 떨릴 일을 그 남자에게 말씀하심으로써 요란한 그의 자랑을 꺾으실 참이다. 모든 소유를 다 팔아 가난한 사람들에게 나누어주라는 것이다.

그러나 앞으로 나가지 말자. 마가는 예수님이 남자에게 하신 말씀을 들려주기 전에 우리가 지나쳐서는 안 될 세부적인 일을 알려준다.

"예수께서 그를 보시고 사랑하사 이르시되"(막 10:21)

예수님은 남자의 생애 중 가장 힘든 말이 될 수도 있는 말을 하시기 전에 사랑하는 마음으로 남자를 바라보신다. 예수님이 남자에게 하신 말씀을 이 사랑과 따로 떼어서 생각할 수 없다. 예수님은 이 사랑에도 불구하고 남자에게 말씀을 하신다.

세상에서 우리가 서로에게 하기 가장 어려운 말, 가장 벅찬 말이 때로는 분노나 공격이 아닌 사랑에서 나올 수도 있다. 하나님과 이웃에 대한 사랑을 키워주는 말이 부드럽고 겸허히는 말로 따뜻하게 나올 수도 있지만, 때로는 '너에게 부족한 것 한 가지는…'처럼 나올 수도 있다.

산드라 해론(Sandra Herron)은 인디애나 은행의 부행장이다. 몇 년 전 그녀는 은행의 새로운 부서를 책임 맡은 후, 이내 골치 아픈 직원을 떠맡게 된 것을 깨달았다. 그 직원의 이름은 매리였는데, 출근은 했지만 부서에 기여하는 일이 별로 없는 사람이었다. 수줍고 의기소침한 그녀는 이유야 어떻든지 간에 사무실에서 게으른 사람이 되어 버렸고 아이디어를 내놓는 법도 없이 창의성은 짓눌려 있었다.

산드라가 매리를 모른 척 했거나 다른 부서로 발령 조치를 냈거나 해고라도 시켰다면 일은 간단했을지도 모르겠다. 하지만 산드라는 정기적으로 예배를 드리는 사람으로서 매리에게서 그 이외의 것을 보았다. 그 부자 청년을 만나신 예수님처럼 산드라는 매리를 사랑하는 마음으로 바라보았다. 그랬기 때문에 산드라는 매리와 의외의 방식으로 대화를 했다.

"자, 매리, 마음속을 깊이 살펴봐요. 당신은 재주 있는 사람이에요. 시간이 전혀 없거나 경제적으로 압박을 받는다면 당신은 정말 어떻게 하겠어요?"

매리는 잠시 주저하다가 대답을 했다. 그 대답은 부서를 위해 놀라운 프로그램을 제안하는 말이었다. 약간 어리벙벙해진 산드라는 매리의 창의성을 칭찬하고서 다른 아이디어는 없는지 물었다. 산드라는 귀를 의심할 뻔했다. 수줍고 말없던 매리가 상상력도 풍부하게 혁신에 대한 제안을 쏟아내기 시작했다.

매리와의 이야기를 마무리하며 산드라는 매리의 놀라운 통찰력에 감사한다고 말했다. 매리는 크게 감격해서 이렇게 말했다.

"이제껏 제게 아이디어를 묻는 사람이 아무도 없었어요."

"이런 순간들은 하나님이 우리에게 당신의 시각을 통해 보게 해주시는 때이죠. 나는 이런 순간들을 '하나님 나라의 전진'이라고 부릅니다. 우리의 개인적인 행동 하나하나가 하나님이 그리스도를 통해 우리에게 행하신 일과 우리의 삶에 계시는 하나님의 존재를 이야기하는 증언으로 쓰일 수 있습니다. 우리는 그리스도 안에서 새롭게 창조된 존재로서 힘들어하고 있을지도 모르는 다른 사람들에게 변화의 새 소망을 줄 수 있어요."

윌리엄 슬로운 코핀(William Sloane Coffin) 목사는 가장 마음을 동요시키는 행동들 중 하나로 대기업 이사회가 진행되는 도중에 일어서서 시편 24편의 첫 소절을 읽는 것을 꼽은 적이 있다.

"땅과 그 안에 있는 모든 것이 여호와의 것이요."

그 말을 마음에 담는 회사는 소비자들과 시장과 환경을 대하는 정책을 바꿀 것이다.

산드라 해론은 예언자적 말들이 은행에서 일하는 자신에게 어떻게 더 기본적인 면에서 영향을 끼쳤는지 알려준다. 다른 많은 분야처럼 금융업계에도 '차별화된 서비스 전략'이라 부르는 개념이 있다고 한다. 이것은 소규모 고객들보다는 보다 큰 이득을 안겨주는 고객을 대하는 전략을 완곡하게 이르는 말이다. 고액 예금자가 은행에 나타나면 그 고객은 상담실로 모셔지거나 특별 창구로 안내된다. 이런 부유한 고객에게는 특전과 특별 이율과 사은품이 주어진다.

그렇지만 모든 사람이 하나님 앞에 평등하게 서는 교회에서 산드라는 '모든 신자가 제사장'이라는 말을 들었다. 예배를 드리면서 그녀는 야고보의 말처럼 겉모습으로 판단하는 것을 반대하는 성경의 권고를 들었다.

"형제 여러분, 영광스러운 우리 주 예수 그리스도를 믿는 여러분은 사람을 겉모양으로만 보지 마십시오. …만일 여러분이 성경을 따라 '네 이웃을 사랑하기를 내 몸과 같이 하라'는 최고의 법을 정말 지키면 잘하는 것입니다. 그러나 여러분이 겉모습만 보고 판단하면 죄를 짓는 것입니다."(약 2:1, 8~9)

예배를 통해 형성된 자각으로 인해 그녀는 '일반적으로 인정된 이

관례에 의문을 제기'하게 된다. 그녀는 '특정한 고객 그룹을 위한 우대가 정당한가요? 만약 그렇다면 그런 대우가 다른 고객들에게 부당한 차별은 되지 않나요?'와 같은 잠재적으로 난처한 질문을 한다.

그녀의 경우에는 그런 행동 때문에 회사에서 말썽이 일어나지는 않지만 혼란스런 윤리적 질문들에 직면하게 된다. '올바른 문제 제기를 위해 기도로 지혜를 구하는 관리자에게 질문은 끝이 없죠. 가격 책정에 도덕성은 끼어들 수 없다고 말하는 동료에게 어떻게 대답할까? 개개인의 독특한 상황을 특별히 고려해주면서도 여전히 사람들을 공정하고 편견 없이 대우할 수 있는 방법은 없을까? 더 적극적으로 경쟁할 수 있도록 경쟁구매를 시황정보 수집수단으로 삼을 것인가?' 산드라는 하나님에 대한 사랑과 이웃에 대한 사랑을 키울 수 있도록 직장에서 이야기한다는 것은 간단한 문제가 아니라는 것을 알았다. 하지만 그녀는 예배를 드려왔기에 노력할 수 있다.

펜실베이니아 에마우의 성신루터교회는 그리스도인들이 직장에서 어떻게 말을 하고 행동할 것인가를 결정하는 데는 지원이 필요하다고 생각했다. 이 교회는 매달 첫 번째 월요일 아침에 시내 식당에서 만나는 '먼데이 커넥션(Monday Connection)'이라는 모임을 만들었다. 모임 때마다 그룹의 한 사람이 직장에서의 사례를 소개한다. 거의 한 시간 동안 그 사례에 대해 의논을 하는데 때로는 토론이 벌어지기도 한다. 질문들이 오고가고, 염려를 나누고, 성경 구절들을 읽고, 신학적인 문제들이 거론된다. 그룹의 모임을 만든 한 사람은 이렇게 말한다.

"모임에서는 가능하면 그 주의 예배 때에 소개된 사례 연구와 연결할 방법을 모색합니다. 그 문제에 관련된 교훈이나 설교나 기도문이나 찬송이 있는지 찾지요."

토론의 목표는 매번 똑같다. 세상의 직장에서 겪는 특수한 상황에서 예수님은 사람들이 어떻게 말하고 행동하기를 원하시는지, 그것을 사람들이 깨닫도록 돕는 것이다.

◉ 오래되고 오래된 이야기

그렇게 그리스도인들은 하나님과 이웃에 대한 사랑을 키우기 위해 할 수 있는 한 최선을 다해 말을 하며 세상의 일터에서 일을 한다. 긍정적인 말, 맞서는 말, 용서와 용납의 말, 예언자적인 도전의 말을 한다. 하지만 이 모든 말들로도 결국은 충분하지 않다. 우리가 진리, 온전한 진리, 유일한 진리를 말하기로 되어 있다면 결국은 하나님에 대한 이야기를 해야만 한다. 그리스도인들에게 긍정과 사랑하는 마음으로 하는 대치, 용서, 예언자적 도전 등은 아무 데서나 끌어온 덕이 아니다. 선하고 시민의식이 있는 사람들이면 할 수 있는 그런 착한 일들도 아니다. 세상에 있는 하나님의 방식들이다. 하나님이 말씀하시고 행하시는 것들이어서 하나님의 형상을 따라 살고 싶어하는 우리는 그 이유 때문에 그것들을 행하고 말한다. 하나님과 이웃에 대한 사랑을 키우고자 한다면 하나님을 불러야 한다.

도로시 데이가 했던 말을 떠올려보자.

"내 생애에 그 어떤 것이라도 이루어 놓은 것이 만일 있다면 그것은 내가 하나님에 대해 말하기를 부끄러워하지 않았기 때문이다."

시간을 고르고 장소를 지혜롭게 고르는 것은 다른 사람에게 우리의 신앙에 대해 뚜렷이 말하기를 두려워해서가 아니다. 직업의 세계에서는 점심을 같이 하며 아주 민감하고 중요한 문제들이 의논되기도 한다. 식사를 함께 하면서는 민감한 대화도 어렵지 않게 나눌 수가 있다.

그러니 점심시간으로 옮겨가 보자.

점심을 같이 하며 나누는 대화

"점심 같이 할 시간 있어요?"

이 같은 초대는 흔히 일어난다. 점심시간 직전 직장동료가 다가와, 친구가 전화를 걸어와 '오늘 점심 약속 비었나요?' 할 수 있다. 때로는 그저 어울리고 싶다거나 혼자서 먹는 점심이 싫어서 같이 먹기도 한다.

하지만 많은 경우 점심 초대는 이런 저런 것을 나누는 대화로의 초대이다. 아침식사를 같이하자는 초대는 보통 사업상 이루어지고, 저녁식사를 함께하자는 초대는 공식적인 모임이거나 아니면 로맨틱한 만남일 수가 많다. 그러나 즉석에서 이루어지는 점심 초대는 솔직한 대화, 생활을 나누는 대화, 컴퓨터를 끄고 일을 잠시 쉬고 나누는 대화를 위한 것이다.

믿음은 어떻게 생겨나는가?

나는 점심식사를 그리스도인들이 신앙에 대해 말할 수 있는 기회라는 말을 나타내는 개념으로 쓰겠다. 앞에서 우리는 그리스도인들이 직장에 출근해 어떻게 말하는지를 살펴보았고 그 강조점은 진실하게 말하는 것이었다. 진실한 대화는 하나님과 이웃에 대한 사랑을 키우기 위해 진실을 이야기하는 것이며, 그렇다고 해서 항상 뚜렷하게 종교적인 대화를 해야 하는 것은 아님을 보았다.

하지만 이제 우리는 뚜렷하게 종교적인 대화가 수반되는 경우를 생각해보고자 한다. '점심을 같이 하며 나누는 대화'에서는 진실한 대화가 우리와 다른 사람들과 함께, 그리스도인들의 신앙에 대해 대화하는 것을 의미한다.

어린이 TV 프로그램의 유명인사 프레드 로저스(Fred Rogers)가 2003년 초에 타계하자 그 후 몇 주 동안 그를 기리는 이야기와 회상들이 뉴스가 되었다. 어떤 기자는 프레드 로저스가 워싱턴에 있는 유명한 내셔날 프레스 클럽(National Press Club)에 초대되어 연설을 하던 날을 떠올렸다. 내셔날 프레스 클럽은 외교관이나 정부 관료나 의견 대립이 첨예한 사안에서 비중 있는 사람들을 초청해서 연설을 들었던 터라 어떤 회원들은 로저스 씨가 연단에 서니 '가벼운 점심' 먹는 기분일 것이라고 농담을 주고 받았다.

그 기자의 말에 의하면, 연설을 하기 위해 선 프레드 로저스는 그 연설장을 메운 기자들이 성공한 일류 기자들임을 언급했다. 그러더니 로저스는 주머니 시계를 꺼내 들고 앞으로 2분 동안 침묵의 시간을 갖겠으니 그 2분 동안 자신들이 성공하도록 이제껏 도와준 사람들을 기억하자고 말했다. 그리고는 아무 말 없이 시계를 바라본 채 서 있었다. 시간이 흐름에 따라 실내는 조용해졌다. 이윽고 프레드 로저스가 시계를 집어넣을 때가 되자 여기저기서 훌쩍이는 소리가 들렸다. 사람들은 자신들을 위해 희생하고 자신들에게 많은 것을 주었던 이들을 회상하며 감동에 젖어들었던 것이다.

마찬가지로, 기독교 신앙에서 우리 삶의 의미와 하나님의 위로를 찾은 우리가 그 믿음이 어떻게 생긴 것인지 2분 동안 생각해본다면 책을 읽고서 생겼다는 사람도 별로 없을 것이고 혼자 생각해서 얻었다는 사람은 한 사람도 없을 것이다. 조만간 하나님에 대해 이야기를 해준 이들이 떠오르기 시작할 것이다. 바울 사도는 '믿음은 들음에서 나며'(롬 10:17)라고 말했다. 우리의 믿음도 마찬가지다. 서서히 믿었든지 별안간 믿었든지, 평온의 잠잠한 순간을 거쳤든지 태풍과 같은 열정을 통해서든지 우리는 듣고 나서 믿은 것이다. 우리가 가진 믿음은 크든 작든 간에, 이제 갓 믿기 시작했든 믿은 지 오래 되었든 간에, 풍성하든 빈곤하든 간에, 튼튼하든 약하든 간에 우리와 함께한 누군가가 하나님과 예수 그리스도에 대해서 용기와 확신을 가지고 말해주었기 때문이다.

나는 1950년대 미국 남부에서 자랐다. 플래너리 오코너는 당시의 그 지역을 '예수로 물든 고장'이라고 말한 적이 있다. 그 시절의 남부

사회는 온통 '하나님 대화', '예수님의 구원 대화'가 넘쳐나는 곳이었다. 남부 출신이었던 내 부모님도 역시 하나님과 예수님에 대한 말을 했다. 하지만 부모님의 대화는 다른 사람들이 나누는 종교적인 대화 같으면서도 아주 달랐다. 내가 아는 다른 어른들에 비해 부모님은 하나님은 사랑이시라는 좀더 확실한 생각을 갖고 있는 것처럼 보였다. 두 분은 하나님이 사랑으로 보살펴주시는 섭리를 확실히 이해하고 있었고 그로 인해 겸손하면서도 확신에 차 있었다. 두 분 모두 유머가 있는 분들이었고 생활에서 신앙과 삶이 대립되는 상황을 주의해서 대처했다.

부모님은 신앙을 겉치레로 갖고 있지 않았다. 두 분은 매일의 생활 속에서 믿음을 실천했다. 내게 예수님의 이야기를 들려주고 성경의 이야기들을 읽어주었으며 나와 함께 기도해주었고 이런 일들을 매일 해주었다. 하나님에 관한 대화는 일상의 소소한 대화 속에서 이루어졌다. 그분들은 몰랐을 수도 있지만 부모님은 훌륭한 평신도 신학자들이었다. 평범한 일상 속에 계시는 하나님의 실재를 아는 신학자들이었고, 매일의 생활이 하나님의 은혜를 깨닫게 해주는 수단이 된다는 것을 가르쳐주었다.

하지만 나에게 믿음에 대해 말해준 사람은 부모님만이 아니었다. 어린 시절의 친구들, 대학 시절의 기숙사 친구, 존경하는 교수님, 골치깨나 아프셨을 주일학교 선생님들도 나에게 믿음에 대해 이야기를 해주었다. 이제야 나는 나를 가르쳐주었던 그 주일학교 선생님들이 항상 자신들의 목적을 미리 내다보고 있었던 것은 아닐까 하고 생각해본다. 내 또래의 친구들은 십대가 되면서 묻는 질문에 답도 잘 안하는 약간 삐딱한 학생들이 되었다. 고교시절 야구선구로 이름을 날렸던 한 선생님은 무슨 수를 써서라도 우리의 관심을 붙들려고 모세와 불타는 떨기나무 수업을 잠시 멈추더니 커브공 던지는 법을 가르쳐주었다. 그렇게 해서라도 그 선생님들은 아이들의 시선을 잡아 하나님 이야기를 했다. 때로는 성경지식에서 막히는 부분도 있었고, 때로는 본인이 확신이 없어 끙끙거리기도 했지만, 주일학교 학생들에게 사랑을 나누어주며 그 다른 이들의 자녀에게 최선을 다해 그리스도인의 믿음에 대해 이야기를 했던 것이다.

이제 뒤돌아보며 부모님이 얼마나 중요한 것을 해주었는지 깨닫는다. 믿는 삶 속에서 행할 바를 품어 키우도록 해주셨던 것이다. 어떤 사람들은 위에 언급한 이들이 성경 지식이 부족하여 잘못 가르칠 수도 있는 가능성을 지적하며 비웃을지도 모른다. 또 어떤 사람들은 그들의 소박하기 짝이 없는 교수법에 코웃음을 치며 시간 낭비라고 할지도 모른다. 하지만 나는 그렇게 생각지 않는다. 나는 그걸 용기라고 부른다. 사랑이라고 부르며 충성스런 증언이라고 부른다.

여러분의 경우도 마찬가지일 것이다. 경험의 모양은 다를지라도 우리는 모두 주저되는 마음을 이기고 나와 시간을 맞아 하나님에 대해 말을 해준 누군가가 있었기에 신앙이 생긴 것이다. 누군가 주일학교 교실에서, 연단에서, 기숙사 방에서, 캠프에서 혹은 생활이 정말

고달픈 때에 여러분을 붙잡고 하나님에 대해 말했을 것이다. 더듬거리면서라도 말했을 것이다.

성경에는 우리에게 믿음에 대해 이야기하는 사람들을 묘사한 구절이 있다. '아름답도다 좋은 소식을 전하는 자들의 발이여(롬 10:15)' 성경은 복음을 가져온 사람들, 하나님에 대해 말을 하는 사람들에게는 아름다운 발이 있다고 말한다. 우리의 발이야말로 우리를 이곳에서 저곳으로 옮겨가게 해주기 때문이다.

참된 복음, 즉 삶에 중요한 하나님에 대한 이야기는 누군가 발을 들어 저곳에서 이곳으로, 자신이 있는 곳에서 우리가 있는 곳으로 옮겨와야만 하고 우리의 눈을 보고 이야기해야만 한다. 그러니 바로 첫 부활절에 여인들이 무덤을 보러 간 것도 놀랄 일이 아니며, 부활하셔서 죽음을 이기신 생명과 미움을 이기신 사랑으로 가득하신 그리스도께서 길 위에서 저희들을 만나신 것도 놀랄 일이 아니며, 그 예수님이 하나님의 은혜와 평안이 가득한 음성으로 저희들에게 "평안하느냐"고 물으신 것도 놀랄 일이 아니며, 저희들이 "주님의 발을 붙잡은" 것도 당연한 일이다.

마이클 프로스트(Michael Frost)의 《일상, 하나님의 신비》 속에 어느 해 성탄절 전야 예배에서 진기한 일이 발생한 교회에 대한 이야기가 나온다. 독창을 부탁받은 한 여신자가 베트 미들러(Bette Midler)의 인기곡 〈멀리에서〉를 골랐다. 각 절의 끝에는 '멀리에서 하나님이 우리를 지켜보고 계시네. 우리를 멀리에서 지켜보고 계시네.'라는 후

렴 부분이 있었다. 그 노래의 기본 주제는 세상이 매우 어수선할지라도 뒤로 멀찍이 물러나 하나님의 시각으로 보면 훨씬 나아 보인다는 것이었다. 노래가 몇 번 되풀이 되자 앞줄에 앉아 있던 한 여자가 벌떡 일어나 그 노래를 함께 부르기 시작했다. '하나님이 우리에게 가까이 오셨네. 가까이 오셨네. 성탄절에 하나님이 우리에게 가까이 오셨네!' 우리의 믿음은 하나님이 예수님으로 우리에게 가까이 오셔서 말씀을 하셨다는 사실에 의거한다. 믿음의 전파도 예수님의 이름으로 다른 사람들에게 가까이 가서 이야기하는 사람들을 쓰셔서 이루신다.

모든 하나님에 관한 대화가 다 좋은 대화는 아니며 우리가 들었던 하나님에 관한 이야기의 기억들이 다 즐거운 것도 아니다. 가까이 왔던 사람들이 선을 행하는 것이 아니라 해를 끼칠 때도 있다. 하나님에 대해 거짓말을 했던 사람, 벌하시는 하나님에 대해서만 이야기했던 사람, 자기가 섬기는 방법으로 하나님에 대해 말했던 사람, 들었을 때 얻는 것보다 잃는 것이 더 많은 증언을 했던 사람들이 떠오르는 이들도 있을 것이다. 믿음의 이야기라고 들었던 그 나쁜 메시지들을 극복하는 데에 수년이 걸리는 이들도 있다.

그러니 하나님과 이웃(심지어 자기 자신이 될 수도 있는)에 대한 사랑을 세워가기 위해 하나님을 이야기하는 방법을 배우는 것이 더욱 더 절실하다.

개종이냐, 대화냐?

기독교 방송국의 토크쇼 프로그램을 우연히 듣게 되었다. 토크쇼의 진행자는 청취자들로부터 전화를 받고 있었는데, 바바라라는 여자가 전화를 걸어왔다. 바바라는 아주 많은 문제를 안고 있었다. 직장에서는 상사와 문제가 있었고, 결혼 생활도 어렵다고 했고, 십대 자녀들과도 사이가 좋지 않았다. 이따금씩 우울증을 겪는다고도 했다.

그녀가 이야기를 장황하게 늘어놓고 있는데 갑자기 진행자가 끼어들었다.

"바바라, 한 가지 묻고 싶은 게 있어요. 당신은 신자인가요? 당신이 신자가 아니라면 이 문제들은 어떤 것도 풀리지 않을 겁니다. 당신은 믿는 사람인가요?"

"모르겠어요." 바버라가 머뭇거리며 말했다.

"자, 바바라, 당신은 신자이거나 신자가 아니거나 둘 중 하나입니다. 당신이 만약 믿는 사람이라면 당신이 알 거예요. 마음으로 알 것입니다. 바바라, 말씀해보세요, 당신은 믿는 사람인가요?"

"신자이고 싶어요. 하지만 지금 상황에서는 아닌 것도 같아요."

진행자가 그 말에 재빨리 대꾸했다.

"자, 바바라, 제가 쓴 책 중에 하나를 보내드리고 싶군요. 이 책에 자신이 누구인지를 말씀해주신, 죽었다가 다시 살아나신 예수님에 대해 밝혀놓았어요. 이제 제가 이 책을 보내드릴 테니 읽고 신자가 되시겠습니까?"

"모르겠어요. 설교하시는 분들 이야기도 못 알아듣겠어요."

"설교자에 대해 말하는 게 아니에요. 우리는 지금 '증거'를 말하고 있어요! 예수님이 자신이 누구인지를 말씀하신 분이며 죽었다가 다가 살아나신 분이라는 증거, 반박할 수 없는 증거가 거기 있습니다. 자, 제가 이 책을 보내드리면 믿는 사람이 되시겠습니까?"

바바라는 실망스러워했다.

"제 말을 이해 못하시는군요. 지금 제 상황은 신뢰한다는 것 자체가 힘들다니까요."

"바바라, 신뢰를 이야기하는 게 아니에요. 우리는 '진실'을 이야기하고 있습니다. 논쟁의 여지가 없는 증거가 있어요. 자, 제가 이 책을 보내드리면 믿는 사람이 되시겠습니까?"

"그럴 것 같아요. 예, 믿는 사람이 되겠어요." 바바라가 말했다.

자, 이상하게 들릴지도 모르겠지만 나는 바바라가 그렇게 쉽게 기권해버린 것이 조금 유감스러웠다. 오해는 하지 마시라. 나도 바바라가 복음을 믿기 바라고, 자신의 어려움을 해결하는 데에 믿음이 도움되길 바란다. 하지만 그 토크쇼 진행자는 초점에서 멀찌감치 빗나가 있었다. 그 진행자는 말에 대해 단단히 오해를 하고 있었다.

첫째, 그는 말과 증거, 진실과 신뢰를 오해했다. 그는 반박할 수 없는 부활의 증거가 있노라고 말하면서 진실은 말하지 않았다. 사실은 그런 증거는 하나도 없다. 논리적이고 과학적인 부활의 증거란 없다. 예수께서 무덤을 나가시는 장면을 촬영한 비디오테이프도 없고 부활절 지진의 지진계 기록도 없다. 사실은 우리에게 있는 거라곤 말뿐이다. 우리가 가진 것은 증언이 전부다. 무덤에 있었던 여자들이 돌아와 이야기를 들려주었고, 제자들이 이야기를 들려주었다. 무수한 세대를 거치면서 사람들은 예수님의 이야기를 자녀들에게 전해주었고 친구들에게 전했고 이방인들에게까지 전해주었다. 그리고 그 자녀들과 친구들과 이방인들 중에서 그 이야기를 믿는 자들이 나와 또 전했다.

내 말은 우리가 가진 것이 빈말일 뿐이라거나 있음직한 이야기일 뿐이라는 의미가 아니다. 내 말이 의미하는 바는 무엇보다도 우리가 물샐 틈 없는 과학적 증거와 역사적으로 반박할 수 없는 흔적들을 취해다가 우리 믿음의 기반으로 삼은 것은 아니라는 것이다. 우리가 첫 번째로 얻는 것은 말이다. 우리가 첫 번째로 얻는 것은 예수님의 이야기를 들려주는 말이며 믿음으로 그 말을 받아들이는 것이다. 두 세 사람이 믿음으로 모이고 그들의 눈이 하나님을 향해 활짝 열려 있으면 다시 사신 예수님이 그들에게 오시는 것이고 그들은 자신들이 헛되이 믿은 것이 아님을 안다.

그 토크쇼 진행자의 말에 대한 두 번째 오해는 그리스도인이 하는 증언의 특징을 잘못 이해한 것이다. 그리스도인의 증언은 가능한 최선의 진실을 말하는 것이며, 다른 사람들을 더욱 완전히 살리기 위해 진실을 말하는 것이며, 말하는 우리나 듣는 사람이 모두 하나님과 이웃에 대한 사랑으로 자라갈 수 있도록 진실을 말하는 것이다. 그렇지만 그 진행자는 바바라에게 무언가를 강요했고, 그 점은 바바라보다는 자신의 이익을 위한 것임이 아주 분명했다. 물론 그는 그저 바바라의 영혼을 구하려 했을 뿐이라며 부인할 것이다. 하지만 그는 바바라를 알지 못했고 알려고 애쓰지도 않았으며, 그녀가 하는 이야기를 다 들으려고도 하지 않았다. 그에게 바바라는 완전히 파악된 사람이 아니라 단지 대상이었다. 그녀는 기독교적 의미의 영혼도 실제로 아니었고 단지 잠재적인 통계 숫자였다. 그는 그녀에게 선전을 한 것이지 증언을 한 것이 아니다. 그는 대화하는 데는 관심이 없었고 개종을 시키려는 데만 관심이 있었다. 그리스도인의 증언에서 결과가 수단을 정당화시켜주지는 않는다. 수단과 결과는 동일하다. 즉 진실, 완전한 진실, 유일한 진실인 것이다.

그 진행자를 놓고 너무 심하게 반박을 하기 전에 내 눈의 들보를 들여다보아야만 할지도 모르겠다. 이 친구가 바바라를 믿게 하려고 한 가장 근본적인 이유는 복음을 전한 숫자를 올리는 것이기보다는 오히려 삶의 은밀하고 깊숙한 곳에서 그 자신의 믿음이 무너지려고 하기 때문인지도 모른다. 그래서 바바라와 같은 누군가가 자신이 말한 예수님과 부활에 대해 받아들이게 되면 그것이 자신의 흔들리는 확신을 보강해주는 것일지도 모른다. 나라고 예외가 될 수 없다. 다른 사람들로 하여금 우리가 믿는 것을 믿으라고 설득하려는 것은 그것이 정치든 자녀양육이든 종교든 간에 우리 자신의 반신반의를 보강하기 위해 고전적으로 쓰는 방책이다. 나도 그랬다. 우리 대부분도 그랬으리라. 우리는 진실이라고 믿는데 다른 사람들이 의심하면, 우리는 본질적인 것이라고 믿는데 다른 사람들이 회의적이면, 우리의 믿음이 흔들릴 수 있는 가장 근원적인 진실을 다른 사람들이 들고 나오면 우리는 이것을 믿음이라는 구조에 가해지는 위협으로 받아들인다. 우리 자신이 의심으로 괴로울 때 한 가지 방책은 힘을 외부로 돌려 다른 사람을 찾아 설득함으로써 우리 자신을 강하게 하는 것이다.

문제가 발생한다. 우리가 각자 자신을 정말 독립적으로 생각하는 개인들일지라도 우리의 종교적 신념을 포함해서 중요한 믿음과 가치들이 대개는 사회적으로 유지되는 게 사실이다. 우리의 믿음을 붙잡기 위해서는 그것을 믿는 다른 사람들이 또한 필요하다. 나쁜 일은 아니고 그저 사실이 그렇다는 것이다.

예를 들어보자. 사정이 어찌되었든 간에 여러분이 꼬마 요정의 존재를 믿는다고 가정하자. 여러분이 만약 모두들 꼬마 요정을 믿는 마을에 산다면, 그래서 최근의 목격담을 즐겁게 이야기하는 마을에 산다면 여러분의 믿음은 거칠 것이 없을 것이다. 하지만 다른 고장으로 이사를 간다면 곤란한 지경에 처하게 될 것이다. 여러분이 지하철에서 꼬마 요정에 대한 말을 하면 사람들은 여러분을 슬금슬금 피할 것이다. 직장에서 터놓고 꼬마 요정에 대한 말을 하면 승진에서 탈락이 되거나 더 심하게는 해고를 당할지도 모른다. 꼬마 요정에 대한 말을 이웃에게 하면 사람들은 자녀들에게 여러분 집 근처에는 가지 말라고 주의를 줄 것이다. 그 결과 여러분은 불가피하게 신념 상실에 빠질 것이다. 게다가 이 꼬마 요정에 대한 것들이 모두 온전치 못한 무의식이나 이해력 결핍에서 비롯된 것은 아닐지 의심할 것이다. 보기 드물게 쾌활한 인물이거나 정신병자만이 거의 아무도 공유하지 않는 그 믿음을 영원히 고집할 것이다. 그 고장에 오래 머물다 보면 두 갈래 길에서 선택을 해야 할 것이다. 꼬마 요정에 대한 믿음을 포기하든지 꼬마 요정에 대해 신실한 작은 그룹을 만들어 일주일에 한 번씩 모이든지.

물론 기독교 신앙을 꼬마 요정 믿음과 같다고 말하는 것은 아니다. 요점은 **어떤 믿음의 체계이든 그것을 유지하기 위해서는 사회적 구조에 의존한다는 것이다.** 주변에 진실한 그리스도인 공동체 없이도 신앙을 아주 오래도록 유지할 수 있는 그리스도인들은 드물 것이다. 이 점은 기독교를 지지해준 옛 사회 구조가 무너진 오늘날의 우리의 사회를 보면 더욱 명확해진다. 만약 예수님의 부활을 믿는 사람이 세상에 정말 아무도 없고 나 혼자라면 다른 사람들의 불신앙의 무게에 눌려 나도 결국은 찌부러지고 말 것이다.

그리스도인들의 증언을 위한 균형 잡힌 행동은 그래서 필요하다. 우리의 신앙을 붙들기 위해서 서로가 필요하다. 그리스도 안에서 하나님께 신실하게 남아 있기 위해서 나는 여러분이 필요하고 여러분에게는 내가 필요하다. 우리 주변 사람들이 믿음을 의심하기 시작하면 우리 자신도 머지않아 그런 회의에 빠지게 될 것이다. 하지만 우리가 믿음 안에서 손을 맞잡고 서로를 지지할 때 우리에게 오신 하나님은 그런 믿음의 공동체를 주시고 세우시고 유지해주시겠다고 약속하시는 하나님이다. 우리는 그걸 에덴동산에서 배웠다. 친교에 대한 우리의 필요에서가 아니라, 교제에 대한 우리의 열망에서가 아니라, 우리의 믿음에서가 아니라 사람이 혼자 사는 것이 좋지 못하므로 하나님은 우리를 혼자 있게 놔두지 않으신다.

"이 반석 위에 내 교회를 세우리니 음부의 권세가 이기지 못하리라"(마 16:18)

이것은 예수님이 우리에게 하신 말씀이며 우리는 예수님을 신뢰한다. 그렇기 때문에 우리는 홀로 남겨질까 봐 걱정할 필요가 없고, 우리가 믿는 대로 믿으라고 다른 사람들에게 강요할 필요가 없다.

믿음이 편협하고 두려울수록 우리는 다른 사람들을 규칙에 따르게 만들려 하고 우리 믿는 바를 그대로 믿게 만들고 싶어한다. 정통적인 관행에서 벗어나는 것은 우리에 대한 위협으로 받아들인다. 단단하게 감아놓은 믿음의 체계를 붙들고 있는 우리의 능력에 대한 위협으로 보는 것이다. 다른 사람들에게 하나님에 대해 말하면서 불가피하게 걱정이 늘어질 것이고, 그런 만큼 방법이 교묘해질지도 모른다. 반면에 우리의 믿음을 확신하고 기뻐하고 신뢰할수록 다른 사람들에게 우리의 세세한 모든 것을 인정받을 필요가 없어질 것이다. 우리의 증언은 결국 하나님의 선하심에 대한 것이지 우리의 걱정스런 필요에 의한 것이 아니며, 선물로 다른 사람들에게 주는 것이지 물이 새는 제방과 같은 우리의 믿음을 모래주머니로 막으려는 이기적인 것이 아니다.

🔸 아무 조건 없이

우리의 믿음을 다른 사람들에게 이야기할 때 아무 조건 없는 선물이 되도록 말하는 것이다. 우리 문화에서는 많은 대화들이 지독히도 자기 본위다. 말하는 사람은 듣는 사람에게서 투표든 판매든 승진이든 기부든 성적인 접촉이든 그것이 무엇이든 간에 뭔가를 얻고자 말을 한다.

'당신을 사랑해.'라고 말할 때조차 '당신을 사랑해.'라는 똑같은 대답을 듣고 싶어하기도 한다. 시를 읽거나 노래를 부르거나 연설을 하거나 설교를 할 때도 은근히 기대하고 잘 평가해주기를 바란다. 칭찬을 하거나 격려를 할 때도, 우리에게는 여전히 친절하고 겸손하고 자기를 희생할 줄 아는 사람으로 여겨지기를 바라는 미묘한 동기가 있지 않는가?

우리는 인정받고 주고받는 것을 은근히 바라는 마음에서 절대 자유로울 수가 없다. 하지만 이런 마음을 스스로 의식하고 비판할 수는 있다.

그러나 다른 사람들에게 하나님을 이야기할 때는 바라는 것이 아무것도 없는 선물이 되도록 말을 해야 한다. 우리가 하나님에 대해 말할 때는 그 말이 참되고 결국에는 듣는 사람도 환영할 말이라고 믿기 때문에 한다. 우리가 할 수 있는 말을 하고 그 결과는 하나님과 그 말을 들은 사람에게 맡기는 확신과 신뢰를 갖자는 뜻이다. 들은 사람이 감화되어 우리를 아주 신실한 사람이라고 칭찬하거나 호평할 때만이 우리의 말이 가치 있다는 생각일랑은 버리자.

어느 추운 겨울의 느지막한 오후에 아내와 나는 메릴랜드의 해안에 서 있었다. 바닷가의 일몰은 숨막히게 아름답기도 하지만 이 날의 일몰은 특별할 것이 없었다.

태양이 마침내 잿빛 바닷물 아래로 완전히 사라져버리자 나는 갈대밭을 두서없이 들락거리는 개를 눈으로 좇으며 추워서 손을 윗옷 주머니에 넣고 있었다. 집으로 막 돌아가려는데 아내가 내 소매를 잡아당겼다. "저것 좀 봐요!" 그 안 본 사이에 서쪽 하늘은 놀랄 만큼 변해 있었다. 그 날의 일몰은 빨갛게 달아오른 숯처럼 오렌지와 노랑으로 번져나가며 타기 시작했다. 뒤늦게 나타난 이 일몰 광경은 우리가 이제껏 본 가장 근사한 장관 중 하나였다. 한 사람이 카메라가 없는 것을 큰소리로 한탄했다.

이것으로 무엇을 깨달았던가? 이때 내가 깨달은 것은 선물을 주는 것처럼 말하기였다. 아내가 다급하게 '저것 좀 봐요!' 하고 불렀을 때 그것은 나를 위한 것이었지 자신을 위한 것이 아니었다. 아내는 일몰을 보고 있었고 나는 볼 수 없었는데, 아내는 내가 일몰을 놓치는 것을 원치 않았다. 인정해주는 말이나 감탄스런 인사 같은 것도 기대하지 않았다. 자신을 위해 구하는 것은 아무것도 없었다. 아내는 하나님의 영광이 정말이지 현란하고 멋지게 펼쳐지는 것을 바라보고 있었는데 나는 엉뚱한 방향을 향해 있었다. 그래서 아내는 그저 일몰을 볼 수 있는 기회를 말이라는 포장지에 싸서 나에게 선물한 것이었다.

증언도 그와 같다. 우리는 삶에서 일하시는 하나님의 손길을 보고 다른 사람들도 그걸 보게 되기를 바란다. 우리의 주요 관심사는 엉뚱한 방향을 향해 있다고 다른 사람들을 비난하는 것이 아니고, 우리의 경건으로 그들을 감동시키려는 것도 아니다. 우리는 아무런 보답을 기대하지 않고 단지 우리가 계속해서 받아왔던 그 선물을 주려는 것뿐이다. 삶이 하나님의 영광으로 타오르고 있을 때 '저것 좀 봐요!'라고 하는 것 말고 우리가 할 수 있는 것이 무엇이 있겠는가.

점심을 차리며

하나님에 대해 말하는 것(증언)이 참된 선물을 주는 행위라면 환대의 분위기에서 이루어진다. 그리스도인의 감각으로 보면 환대는 주인이 손님들을 위해 상을 차리는 것과 같으며, 사람들이 환영을 받고 배부르게 대접을 받으며 막힘없이 이야기를 할 수 있는 곳을 준비하는 것과 같다. 환대는 다른 사람들에게 주는 선물이며 자유의 선물이다. 가톨릭 신학자 헨리 나우엔(Henri Nouwen)은 환대를 이렇게 설명한다.

"낯선 사람도 들어와 적이 아닌 친구가 될 수 있는 대가 없는 공간에서 빚어지는 것이 환대이다. 환대는 사람들을 바꾸는 것이 아니라 사람들에게 변화가 일어날 수 있는 여지를 제공하는 것이다. 사람들을 우리 편으로 데려오는 것이 아니라 구별하는 선들로부터 방해받

지 않도록 자유를 제공하는 것이다. 대안이라고는 하나도 없는 구석
지로 이웃을 이끄는 것이 아니라 선택과 실행에 있어 넓은 범위의 선
택권을 공개하는 것이다. 훌륭한 책과 훌륭한 이야기와 훌륭한 일로
가하는 교양 있는 위협이 아니라 말이 뿌리를 내리고 열매를 맺을 수
있도록, 두려워하는 마음에서 해방시키는 것이다."

나우엔은 바로 자신이 기술한 그 환대의 예를 작가 댄 웨이크필드
(Dan Wakefield)와의 만남으로 보여주었다. 웨이크필드는 자신도 말
했듯이 '마약과 술과 난잡한 성생활에서 구원을 찾던' 세월을 보내
고 난 후 1980년대 초에 영적 자각을 경험하기 시작했다. 웨이크필드
는 자신에게 '가장 좋게 말하면 영적 깨달음과 접촉(솔직히 말해 '하나
님')을 향한 갈증이라고나 할' 것이 있었다고 말한다.

많은 순례자들이 그렇듯이 웨이크필드도 하나님을 향해 가면서 기
운이 북돋워지는가 하면 위험스러워지기도 하고 자기 상실에 빠지기
도 하고 좌절하기도 했다. 때로는 1930년대의 모험 영화에서나 보는
그런 낡은 프로펠러 비행기를 타고서 '뇌우 속에서 나침반도 없이 들
쭉날쭉한 산맥 너머 밤하늘을 오르락내리락 날아가야 하는' 재수 없
는 승객이 된 기분이 들기도 했다. 웨이크필드는 그냥 시험 삼아 예배
에 참석하기 시작했다. 웨이크필드로부터 영적인 싸움에 대한 이야
기를 들은 목사는 그에게 헨리 나우엔의 책 《접촉을 위하여(Reaching
Out)》를 읽어보라고 권했다. 웨이크필드는 나우엔의 글에서 자신의

처지에 대한 따뜻한 안내를 받았고 그래서 내친 김에 나우엔의 다른 책들도 읽었다. 그 중에는 나우엔 자신도 때로는 영적으로 고통과 혼란을 겪는다고 밝혔던 《자비를 구하는 탄원: 창세기 인물들의 기도(A Cry for Mercy: Prayers from the Genesee)》도 있었다.

개인적으로 나우엔을 만나고 싶었던 웨이크필드는 나우엔이 점심 식사에 응하자 감격해서 몸이 오싹해질 정도였다. 함께 식사를 하면서 웨이크필드는 나우엔과 그의 글에 대해 감사와 감탄을 전했다. 그러면서 《자비를 구하는 탄원: 창세기 인물들의 기도》에 밝힌 나우엔의 고뇌에 찬 싸움을 읽고는 낙담이 되었노라고 말했다. 나우엔처럼 영적으로 성숙한 사람이 여전히 의심과 싸우고 신앙 때문에 고통을 겪는다면 자신처럼 이제 겨우 초짜에 불과한 사람들은 무슨 희망이 있겠느냐고 했다. 그때 나우엔은 일반적인 견해와는 반대로 나우엔은 이렇게 얘기했다.

"기독교 신앙은 삶을 억제하는 것이 아니라오."

"기독교 신앙은 삶을 억제하는 것이 아니라오."라니, 이상하고 별난 증언처럼 보일지도 모르겠다. 하지만 나우엔은 자신의 통찰력으로 말하고 있었던 것이다. 즉, 환대는 사람들을 바꾸는 것이 아니라 사람들에게 변화가 일어날 수 있는 여지를 제공하는 것이다. 웨이크필드에게 그가 한 말은 단지 그렇게 개방된 여지를 만들어주려는 시도였고, 과연 몇 년 후 웨이크필드가 어려운 생활 때문에 마약에서 위안을 얻으려는 상태로 다시 돌아갔을 때 나우엔의 말은 그런 경험이

전적인 패배가 아니라 성장의 단계라고 깨닫게 해주었다. 이 일을 겪으면서 웨이크필드는 '열병처럼 폭풍이 휩쓰는' 때에도 자신의 신앙을 굳게 지켜나갔다. 웨이크필드는 이렇게 말했다.

"감사했죠. 하지만 그런 폭풍은 다시 오고 더 격렬하게 온다는 것도 알게 되었어요. 하나님을 믿는 믿음은 일이 어떻게 되어가는 것에 달려 있지 않고, 믿음과 기도와 선행은 이 세상에서의 보상이나 평온과는 아무런 상관관계가 없다는 것을 깨달았어요. 그래야 될 것 같고 그래야 된다고 아무리 바라더라도 말이죠."

◉ 식탁에서의 대화

우리의 신앙에 대해 말할 기회가 오면 우리는 무슨 말을 할까? 곤란을 겪는 친구가 우리의 기도가 도움 되는 일인지 궁금해 한다면, 기차 옆자리에 앉은 사람이 어떤 교회에서 일어난 불상사를 보도한 기사를 가리키며 그 사람들이 왜 그런 위선자들과 시간을 허비하는지 도무지 이해할 수 없노라고 한다면, 아니면 자녀들 중 하나가 와서 '엄마, 엄마는 하나님을 볼 수 있어?'라고 묻는다면 그것이 우리가 증언을 할 기회이다. 그러나 우리 대부분은 이런 일에는 초보자여서 아는 것이 거의 없으니 입 다물고 아무 말도 하지 않는 것이 좋다고 생각하기 쉽다.

흔히 '오병이어(五餠二魚)'(요 6:1~14)라고 알려진 성경 이야기는 이 수줍어하는 태도를 고쳐줄 것이다. 이 이야기에서는 예수님 말씀을 들으려고 엄청난 수의 군중이 나아오자, 그처럼 많은 사람들을 어떻게 먹여야 하는지가 문제로 떠올랐다. 제자들 중의 하나인 안드레는 한 소년이 가져온 빵 다섯 덩어리와 생선 두 마리가 있지만 그 많은 사람들을 먹이기에는 턱없이 부족하다고 말했다. 그렇지만 예수님은 그 빵과 물고기를 취하여 감사기도를 드린 후 무리에게 나누어 주셨다. 그 적은 양의 음식은 배고픈 무리가 다 배불리 먹었을 뿐만 아니라 남은 음식이 열두 바구니나 되었다.

이 이야기는 나쁜 소식도 되고 좋은 소식도 되는 이야기이다. 혹은 좋은 소식으로 변하는 나쁜 소식이라고 할 수도 있다. '나쁜 소식' 측면에서 보면, 제자는 솔직하게 우리에게 있는 음식은 턱없이 부족하다고 한다. 그리고 그 증언이 도움이 되었다. 만일 그냥 놔두었다면 그 많은 무리는 음식 부스러기를 놓고 싸우게 되고 말았을 것이다. 그렇다. 만일 증언이 우리가 가진 하나님의 지혜와 지식에 의존하는 거라면 우리나 우리 이야기를 듣는 사람들은 모두 먹을 게 없어 굶주릴 것이다. '왜 착한 사람들에게 나쁜 일들이 일어나는가?'라거나 '하나님의 뜻이 무엇인지 우리가 어떻게 아는가?'라거나 '정말로 하나님은 기도에 응답해주시나?' 같은 질문을 받으면 우리 중 누가 그 질문들을 풀어줄 만큼 지혜롭단 말인가? 우리가 줄 것이라곤 겨우 빵 부스러기와 물고기 조각뿐이고 그것으로는 어림도 없다.

그러나 이 이야기를 '좋은 소식' 측면에서 보면, 하나님께서는 우리가 드리는 것을 받고 우리 경험과 지식의 부스러기와 조각들을 취하셔서 그걸로 충분하고 풍족하게까지 만드신다. 시대를 거쳐오면서 루터만큼 용기 있는 그리스도인, 어거스틴처럼 현명한 그리스도인, 테레사 수녀처럼 덕망 높은 그리스도인은 거의 없었다. 하지만 믿음은 그것을 알고 믿는 바를 최선을 다해 이야기하는 평범한 그리스도인들의 정직한 말에 의해 전파되어왔다. 빵 덩어리와 물고기는 증언의 잔치이기도 하다.

빵과 물고기

무엇으로 증언을 삼을 것인가? 신학교 교수나 성경학자가 아니라면 어떤 증언을 해야 하는가? 첫째는 모든 그리스도인들이 자신의 신앙적 체험들을 진실하게 이야기할 수 있다. 인도의 위대한 교회 지도자 D. T. 나일스(D. T. Niles)는 믿음의 공유를 이렇게 말했다.

"한 거지가 다른 거지에게 어디 가면 음식을 구할 수 있는지 말하는 것이다."

가톨릭의 학자 한스 쿵(Hans Kung)은 《그리스도인임에 대하여(On Being a Christian)》라는 책의 서론에서 '자신이 좋은 그리스도인이라고 생각해서가 아니라 그리스도인임이 각별히 좋은 일이라고 생각하기 때문에' 이 책을 썼다고 밝혔다. 모든 그리스도인들은 그렇게 겸손하고 정직하게 이야기를 할 수 있다.

"여기 내가 체험한 것이 있습니다. 나는 이것이 완벽하다거나 충분하다거나 아주 좋다고 말하는 것이 아니라 이것이 나를 아주 좋은 일로 이끌어왔다고 믿습니다."

　예배를 드려왔기 때문에 우리는 자신의 작은 단편과 에피소드들이 더 큰 이야기, 더 거룩한 이야기의 일부인 것을 안다. 예배를 통해 이루어지는 일 중의 하나는 창조 때부터 세상 마지막 날까지 세상을 사랑하시는 하나님의 거대한 이야기를 풀어놓는 것이며 우리 모든 한 사람 한 사람을 가리키며 '이 이야기에 네가 들어 있다. 이 이야기는 너의 이야기도 된다.'고 알려주는 것이다. 세례를 받을 때 우리는 모세와 이스라엘 백성과 함께 홍해를 건넜고 예수님과 함께 요단강에 잠겼다. 매 주일이면 하나님의 집으로 곧장 걸어 들어가는데, 자녀들에 대한 걱정이나 직업에서의 고민이나 무릎에 앉히고 놀아준 새 손자에 대한 감사와 같은 생활 속의 걱정과 기쁨을 달고 들어가 하나님 앞에 내려놓고서 말한다.

　"하나님, 어떻게 좀 해주세요."

　그러면 하나님은 우리의 생활을 이루고 있던 반쯤 펼치다 만 부차석인 줄거리(작은 빵 덩어리와 물고기)를 취하셔서 조금 손을 보신다. 그러면 그것들은 가장 크고 가장 훌륭하고 가장 소망스런 드라마의 일부가 된다. 하루하루를 살아가면서 우리의 삶이 얼마나 일시적으로 보이는가는 상관없다. 예배를 통해 우리는 웅장하고 거룩한 이야기에서 실제로 우리가 주요 배우들임을 알게 된다. 그리고 더 주의를 기울이면 예배를 마치면서 인생은 거룩한 드라마라는 걸 깨달을 것이고, 듣고자 하는 사람이면 누구에게든지 우리 모두가 주요 배역, 거룩한 배역을 맡고 있다고 기꺼이 말할 것이다.

증언의 중요한 일면은 믿음의 통찰력으로 보지 않으면 삶이 끝없이 임의적이고 독단적이고 무의미하게 보일 수도 있기 때문에 인간의 삶을 총체적인 이야기로 이해하는 것이다. 예를 들어보자. 많은 현대 소설들에는 완결된 줄거리가 없는데 그것은 소설들에 뚜렷한 도입부와 중간부분과 결말이 없다는 것이고 이것은 단지 문학적 관습이 그렇다는 게 아니라 삶의 경험이 그렇다는 표현인 것이다. 레나타 애들러(Renata Adler)라는 작가는 '줄거리가 떠오르기를 기다리며' 첫 소설을 썼는데 헛수고였다고 말했다.

"삶은 어떻게 보면 긴 이야기의 끈 같고 또 어떻게 보면 여러 가지 모양들 같아서 각각 다른 모든 가닥들을 함께 모을 수 있다고 여겼었죠. 이제는 그렇게 생각 안 해요. 일주일이나 이틀의 계획은 구상할 수 있지만 그 이상은 할 수 없어요. 생애의 계획은 만들어낼 수도 없어요."

그리스도인들은 애들러의 말이 무슨 뜻인지 이해한다. 소용돌이쳐 흘러가고 생각지도 못한 일들이 벌어지며 계획들은 변하기 마련이어서 인생이 마치 몇 조각이 빠져나간 조각 그림 맞추기처럼 보일 수도 있다. 우리가 만일 스스로 해내야 한다면 애들러 말이 옳다. 며칠 정도는 줄거리를 꾸며낼 수 있지만 생애라면 그럴 수 없다. 여러분에게 있는 것은 무엇인가? 빵 다섯 덩이와 생선 두 마리, 그것이면 된다. 한 무리의 사람들이 먹기에도 턱없고, 줄거리를 만들기도 턱없지만 우리는 홀로 남겨져 있지 않다. 시편 기자는 말했다.

"주여 주는 대대에 우리의 거처가 되셨나이다"(시 90:1)

바울 사도는 말했다.

"너의 생명은 하나님 안에서 그리스도와 더불어 감춰졌느니라."

한 위대한 이야기가 있고 우리는 그 이야기의 일부이다.

희곡 작가 손톤 와일더(Thornton Wilder)는 하나님의 보살핌을 받는 인생은 아름다운 벽걸이용 비단인 태피스트리와 같다고 상상했다. 무늬가 나타나는 바깥쪽 면에서 보면 태피스트리에는 복잡하면서도 훌륭한 도안이 나타난다. 문제는 우리가 일상에서 그 무늬를 볼 수 없다는 것이다. 태피스트리의 안쪽 면에서 살고 있는 우리에게 보이는 것은 단지 끊어진 실과 매듭들이다. 다만 부분 부분으로 하나님이 만드신 태피스트리의 위대한 무늬를 흘긋 볼 수는 있다. 예배를 통해 우리는 하나님이 만드신 미래를 '슬쩍 보는' 셈이다. 인생의 작은 순간들과 에피소드들이 우리 눈에는 감춰져 있던 무늬(하나님의 완전한 도안) 속에 어떻게 짜 맞춰져 있는지를 보게 될 그 때를 예배를 통해 앞당겨 보는 것이다. 단편 소설가 유도라 웰티(Eudora Welty)는 회고록 《어떤 작가의 출발(One Writer's Beginning)》에서 자신의 인생에 대해 글을 쓰는 것이 마치 밤에 기차를 타고 여행하는 것 같다고 말했다.

"기차가 철로를 따라 휘돌아가면 불현듯 불빛이 뒤쪽을 밝힌다. 그러면 지나 온 길 뒤로 산이 솟아 있었다는 것을 알게 된다. 여전히 거기 솟아 있는 산을 뒤를 돌아봄으로써 알게 된다."

이와 비슷하게 우리는 예배를 통해 전체의 시간을 구간별로 일별하며 전체가 어떻게 생겼는지 볼 수 있다. C. S. 루이스는 우리가 천국에 가면 하나님께 이렇게 말할 것이라고 했다.

"아, 하나님이 저와 내내 함께 계셨군요. 내가 사랑한 모든 사람들, 그 사람들이 다 하나님이셨어요. 내게 일어난 좋은 일들과 나로 하여금 손을 뻗게 만들고 더 나은 사람이 되게 만든 그 모든 것이 다 하나님이셨어요."

소설가 존 업다이크(John Updike)는 자신의 글에 신앙이 미치는 영향을 이야기하면서 예배와 신령한 이야기의 의미 사이에 있는 관계를 지적했다.

"그래요, 나는 교회를 다녀요. 신앙은 내 삶에 위로를 주었고 내 일에 격려가 되었어요. 우리에게 진실이 거룩하기에, 진실에 대해 말하는 고상하고 쓸모 있는 직업도 거룩하다고 말해주는 게 신앙이죠. 우리 주위의 현실은 창조된 것이기에 찬양할 만한 가치가 있고, 남자와 여자는 근본적으로 불완전하면서도 근본적으로 소중하다고 말해주는 게 신앙이에요."

그러니 삶은 하나님이 들려주시는 이야기이고 우리는 그 이야기의 일부라고 말할 수 있다. 그뿐 아니라 하나님이 삶의 모든 순간에 우리와 함께 계셨다고 솔직하게 말할 수 있다.

언젠가 어떤 교회의 사람들과 함께 한 적이 있었다. 삶 속에서 하나님이 가까이 계시고 실재하신 때를 돌아가면서 이야기했다. 그 속에

발레단의 무용수인 한 젊은 여자가 있었는데 자기 차례가 되자 일어나 더듬거리며 말했다.

그녀는 그 교회에서 자랐다고 했다. 자신이 아기였을 때 세례를 받은 바로 그 예배당에 대해 이야기를 했다. 물론 그녀가 그걸 기억하는 건 아니었다. 딸의 어린 시절을 아주 자랑스러워한 그녀의 아버지가 세례를 받은 그 주일에 대해 자주 이야기를 했던 것이다. 그녀가 입었던 세례복이며 그날 불렀던 찬송가, 그날 목사님의 설교를 이야기한 아버지는 항상 두 손을 맞잡고서 이런 감탄으로 말을 끝맺곤 했다.

"오, 얘야! 그날 성령이 함께 계셨단다."

그녀는 어릴 때 부모님들과 예배를 드리면서 '이 교회에는 성령이 어디 계시지?' 하고 궁금해 했다고 말했다. 금속 오르간 파이프를 바라보며, 천정을 바라보며, 스테인드글라스를 바라보며 "저곳에 성령이 계시는 것일까?" 했다는 것이다.

여기까지 이야기를 한 그녀가 잠시 말을 멈추자 모두들 그녀의 다음 말을 듣고자 귀를 쫑긋 세우고 기다렸다.

"여러분도 많이들 알고 계시듯이 제 부모님은 암으로 지난해 겨울 같은 주에 돌아가셨어요. 끔찍스런 주였지요. 그 견디기 힘들었던 주의 수요일, 어둑어둑한 오후에 병원에 계시던 부모님을 뵙고 집으로 돌아가는 길이었어요. 교회를 지나가게 되었죠. 그런데 기도를 해야겠다는 생각이 강하게 밀려들었어요. 그래서 교회에 들어가 뒷줄에 앉아 기도를 시작했어요. 교회 안은 어두웠죠. 그 어둠 속에서 기도를 하면서 슬픔을 하나님께 다 털어놓자 마음속 깊숙한 곳에서 울음이 터져나왔어요. 자매 한 분이 부엌에서 교인들 모임에 쓸 음식을 준비하고 있다가 제가 기도하는 걸 보고 무슨 일이 생겼다는 걸 알았죠. 그 자매는 앞치마를 끌러놓고 옆자리로 와 앉아서 제 손을 잡고 함께 기도를 했어요. 이 교회에 성령이 계시는 곳이 어디인지 알게 된 때는 바로 그 때였어요."

자신의 삶에 대해 깊이 생각해보면 우리 모두 그와 같은 경험들이 있을 것이다. 하나님이 생생하게 함께 계시는 것이 느껴진 순간들이. 이 순간들이야말로 우리의 빵과 물고기이다. 이 순간들을 다른 사람들에게 이야기한다면, 환대의 상에 이것들을 차려놓는다면 하나님께서는 이것으로 큰 잔치를 베푸실 것이다.

저녁 뉴스

사람들의 눈은 벽에 걸린 텔레비전에 가 있고, 화면에 나온 뉴스 아나운서가 이렇게 말한다.

"연방 준비 은행 의장이 '부자가 천국에 들어가기가 낙타가 바늘귀를 통과하는 것만큼 어렵다.'고 한 보도를 놓고 월 가(街)에서는 안절부절못하고 있습니다."

가격 지수와 시장 동향을 이야기하는 게 아니라 부(富)가 가진 위험에 대해 경고하시는 예수님의 말을 인용하는 연방 준비 은행 의장을 상상해보는 우스갯말이다. 특정한 상황에서 예수님이 하신 말씀이 전혀 다른 상황에 있는 의장의 입에서 나오는 부조화 때문에 웃게 되는 유머다. 강단에서 증권 시세를 읽고 있는 목사를 생각할 수 없듯이 연방 준비 은행 의장이 예수님의 말씀을 인용하는 것도 상상하기가 힘들다.

그렇지만 그 유머와 재미 저변에는 보다 더 근본적인 질문이 놓여 있다. 여기서 예수님을 말하는 걸 왜 생뚱맞다고 여기는가? 잠깐이나마 예수님의 말씀은 그저 신앙적인 말이며 교회와 성경공부에서는 괜찮지만 월 가(街) 같은 장소에서는 안 어울리는 말이라고 생각한 것은 아닌가?

1863년에 링컨 대통령은 미국인들이 '추수감사절(Thanksgiving)' 이라 부르는 공휴일을 제정하면서 명백하게 종교적이고 성경적인 단어를 썼다. 링컨은 그날을 '하늘에 계신 선하신 아버지께 감사와 찬양을 드리는 날'이라고 불렀다. 링컨은 사회의 죄악을 터놓고 이야기하며 과부와 고아와 전쟁으로 고통 받는 사람들을 보살피라는 하나님의 명령에 '불순종하는 우리 온 국민의 잘못을 겸손하게 속죄' 해야 한다며 '국민들의 상처를 낫게 해주시길' 전능하신 하나님께 기도했다. 그리고 약 150년이 지난 지금 사회는 국가의 지도자가 공적인 선언에서 진지한 신학적 언어를 쓸 수 있던 때로부터 그 같은 생각이 만화의 우스갯감이 되는 시대로 옮겨왔다.

광장에 덮인 침묵

여기 이상한 역설이 하나 있다. 오늘날 거의 모든 그리스도인들은 기독교 신앙이 삶의 모든 면에 관여한다고 말한다. 시간과 돈, 일과 관계들, 정치에 이르기까지 모든 면에서 신앙이 주장을 한다. 하지만 동시에 그 같은 생각을 하는 그리스도인들이 매우 개인적인 방식으로만 신앙생활을 하려고 한다. 많은 그리스도인들이 기독교 신앙과 월 가(街), 기독교 신앙과 정치, 기독교 신앙과 사회생활이 일반적으로 분리되어 있는 것처럼 행동한다.

스테판 카터(Stephen L. Carter)는 《불신의 문화(The Culture of Disbelief)》에서 종교는 사회적 논의에서 입을 다물었을 뿐만 아니라 무시되고 대접을 못 받게 되었다고 말한다. 예를 들어 그는 1983년을 주목하는데, 그 때 레이건 대통령은 성경 시대 이후로 제정되었던 모든 법령들이 '십계명에서 조금도 나아간 것이 없다.'는 연설을 했다. 레이건 대통령은 종교에 대한 그 언급 때문에 언론 매체로부터 노골적으로 비판을 받았다. 한 비평가는 레이건 대통령은 '자신이 보호할 책임을 맡은 비종교적인 법률과 제도들을 대수롭지 않게 여긴다.'고 했다. 이와 마찬가지로 힐러리 클린턴(Hillary Clinton)이 남편의 취임식과 관련된 행사에 십자가 목걸이를 걸고 나오자 한 방송해설자가 그렇게 종교적인 색채를 드러내는 것이 '적합한'가라는 의문을 제기하던 때와 '뉴스위크'지에서 '기도'라는 제목으로 표지 기사를 내보내자 그 기사를 지면 낭비라며 '뉴스 기사로 가장한 신(神)을 지지하는 글'이라고 부른 한 독자의 편지가 편집자에게 배달되었던 때를 지적한다.

물론 우리가 공적인 자리에서의 신앙 문제를 생각하면 왜 긴장하는지 그 합당한 이유들이 있다. 우리 사회에서 교회와 국가와의 관계는 복잡한 법률적 사회적 문제인지라 종교 그것도 특별히 하나의 종교에 의해 통제되는 사회를 기대하는 사람은 없을 것이다. 앨라배마의 한 판사가 십계명이 새겨진 석조 기념비를 법원의 로비에 세우자 아주 보수적인 그리스도인들마저도 반대를 했다. 십계명을 찬성하지 않아서가 아니라 하나의 종교가 지배를 하게 될 때 그리고 그 종교가 자신들의 종교일 때 그것이 얼마나 위험스러운 일일 수 있는지를 알기 때문이었다.

하지만 공적인 생활에서 신앙이 내몰릴 때와 공적인 일에서 신앙이 침묵할 때는 교회와 국가가 분리된 결과를 보는 것이라 슬프다. 기독교 신앙은 개인적 관심과 마음의 문제에 관한 것이지만 가난과 부, 전쟁과 평화, 법정의 정의, 약한 자들의 보호에 관한 것이기도 하다. 초기 그리스도인들이 지하의 시원한 공기가 좋아서 카타콤에서 예배를 드렸던 것이 아니다. 황제가 기독교 신앙이 지닌 정치적 영향력이 제국에 위협이 된다고 여겼기 때문에 지하로 숨어들어 예배를 드렸다. 노예폐지에서 여성의 참정권에 이르기까지 근래 우리 시대에 일어난 위대한 사회 운동의 대부분이 기독교 신앙에서 격려를 받았다. 기독교 신앙은 주일에 드리는 기도와 뗄 수가 없고, 우리는 주일이면 하나님의 뜻이 이루어지기를 기도하기 때문에 뉴스를 틀었을 때 듣고 보는 것은 우리와 관계없는 것이 없다. 스테판 카터는 이렇게 말한다.

"신앙이 정치를 좌지우지하지 않게 하려는 사리 분명한 열정에서 우리 사회는 종교적으로 신실한 사람들을 그 본분에서 벗어난 사람들이 되도록 강요하는 정치적·법률적 문화를 이루어냈어요. 마치 신앙이 중요하지 않는 것처럼 공공연하게 행동하라고 말이죠."

◉ 세상 속에, 그러나 속하지 않은

그리스도인들이 번번이 공적인 장소에서 입을 닫아버리는 큰 이유는 외부로부터의 압력이 아니라 내부로부터의 두려움과 내키지 않는 마음이라는 것을 인정해야 한다. 대부분의 의식 있는 그리스도인들은 복음을 믿고 신뢰할수록 신앙이 반문화적이라는 걸 더욱 더 깨닫게 된다. 우리의 삶이 예수 그리스도의 삶을 닮아갈수록 주변 세상의 가치들과는 부딪히고 긴장하게 된다는 걸 절실하게 깨닫는다. 진실을 말하는 것이 항상 환영만 받는 것은 아닌지라 증언 때문에 곤란해질 수도 있다. 그래서 마음속에 간직하는 것이 훨씬 더 편할 수도 있다.

사도행전은 초기 그리스도인들이 세상에 증언을 어떻게 했는지를 보여준다. 시작은 아주 좋다. 오순절 이후 그리스도인 공동체는 '온 백성에게 칭송'(행 2:47)을 들었다. 그러나 한 장이 끝나기도 전에 칭찬은 사라지고 세상은 복음이 현상(現狀)에 도전이 된다는 걸 알았다. 그리스도의 첫 증인들은 감옥에 갇히고 말았다.(행 4:3) 성경학자 월터 브뤼게만(Walter Brueggemann)은 이렇게 말했다.

"복음전도는 전통적인 교회를 떠받혀주는 안정적인 교회 활동도 아니고 사회적 현상(現狀)을 지탱해주는 일상적인 기획도 아니다. 복음전도는 세상과 이웃과 자신에 대한 인식의 변화를 가져오는 '변형된 의식 활동'이며 그러한 세상에서 다르게 살라는 권한을 부여하는 것이다. 하나님께서 승리하셨다는 소식은 이렇게 세상을 변화시키는 그의 통치 아래로 더욱 많은 생명을 데려오는 것이고 노예 해방이며 언약을 맺음이고 정의를 명령하시는 하나님을 뜻한다."

하버드 대학 교회의 목사 피터 곰스는 온화해 보이는 복음의 메시지도 얼마든지 논쟁의 대상이 될 수 있음을 맛본 적이 있었다. 그는 맨해튼의 명문 사립 여자고등학교의 졸업식에서 연설을 했다. 이 학교의 졸업생 대부분은 아이비리그 등의 명문 대학에 진학을 한 후 사회에 나와서는 권력과 영향력 있는 직업을 잡았다. 곰스 자신은 '들에 핀 백합화가 어떻게 자라는지 생각해보라. 수고도 않고 길쌈도 하지 않지만 하늘에 계신 아버지께서 먹이시고 입히신다.'는 예수님의 말씀에 대해 서정적인 설교를 했다고 생각했다. 그는 예수님이 확실하고 분명하게 해주시는 위로를 강조했다.

"그러므로 내일 일을 염려하지 마라."

그렇지만 졸업식이 끝나고 있은 축하연에서 한 여학생의 아버지가 곰스에게 오더니 화가 난 눈빛에 얼음장처럼 싸늘한 목소리로 말했다. 곰스가 설교에서 염려에 대해 말한 대목은 완전히 터무니없다는 것이었다. 곰스는 그 말을 실제로 한 사람은 자신이 아니라 예수님이라는 걸 지적해주었다. 하지만 그 남자는 뜻을 굽히지 않았다.

"그래도 터무니없는 말입니다. 내 딸이 이 학교에 들어올 수 있었던 것은 걱정을 한 덕분이었습니다. 이 학교를 계속 다닐 수 있었던 것도 염려를 했기 때문이고 예일대학교에 들어가게 된 것도 염려를 했기 때문입니다. 그 대학을 계속 다니게 해줄 힘도 염려일 겁니다. 좋은 직업을 갖게 해줄 것도 염려일 겁니다. 목사님은 터무니없는 말을 퍼뜨리시는 겁니다."

그리스도인의 증언이 일반적인 사회적 표준으로 볼 때 정신 나간 것처럼 보이는 때도 있다. 1968년, 많은 그리스도인들이 다니엘 베리건(Daniel Berrigan) 신부의 주도로 베트남 전쟁을 반대하는 시위를 벌였다. 이들은 시위를 하면서 메릴랜드 캔톤스빌의 징병사무실에서 가져온 징병기록들을 불태웠고 이 일로 구속되어 재판을 받게 되었다. 캔톤스빌의 아홉인 사건으로 알려진 재판에서 베리건은 증인 심문을 받았는데 그의 답변은 죄다 자신의 신학과 신앙하고 관계된 것이었다. 하지만 재판의 판사는 그의 신앙과 행동 사이의 연결고리를 이해하지 못하고 당혹스러워했다.

"캔톤스빌에서 벌인 일이 당신의 종교적 신념을 실행하는 방식이었나요?"

베리건은 이 질문을 받자 또렷하게 대답을 했다.

"물론입니다. 만약 저의 종교적 신념이 제 행동의 실질적인 부분으로 받아들여지지 않는다면 제 행동의 모든 의미들은 사라지고 저는 미친 짓을 한 것이겠지요."

다른 예를 보자. 우리는 그리스도인의 증언이 더 광범위한 문화와 충돌하는 것을 그레이스 토머스(Grace Thomas) 사건에서 다시 볼 수 있다. 그레이스는 남부 침례교회에서 자란 온화한 성품의 신자인데, 전차 차장을 하는 아버지의 다섯 자녀 중 둘째로 태어났다. 1930년대 말에 결혼한 그녀는 애틀랜타로 이사를 해서 주 정부 기관의 사무실에서 사무원으로 일을 했다. 일을 하면서 법률과 정치에 관심을 갖게 된 그녀는 야간 강좌가 있던 그 지역의 법대에 등록을 했다.

일을 하면서 공부를 병행한 지 몇 년 후 그녀가 마침내 법대를 졸업하자 가족들은 법대 학위를 딴 그녀가 이제는 무슨 일을 할지 궁금해 했다. 그러다 그레이스가 1954년 조지아 주지사 선거에 출마할 결심을 발표하자 모두들 충격을 받았다. 그해 주지사 선거에는 9명의 후보(8명의 남자 후보와 그레이스)가 나왔는데 이들이 겨루는 논쟁은 실제적으로는 단 한 가지였다. 그 해 초반 그 유명한 '브라운 대 토피카 교육 위원회(Brown v. Board of Education of Topeka)' 사건에서 대법원은 기본적으로 '분리된 채 평등한' 학교는 헌법에 위배되니 공립학교의 인종차별을 폐지하라는 판결을 내렸다. 여덟 명의 후보들은 법원의 결정에 대해 분노에 차 반대의 소리를 높였다. 그레이스만이 법원의 판결은 공평하고 정당하며 시민들이 환영해야 할 것으로 여긴다고 말했다. 그녀의 선거운동 표어는 '투표에서 그레이스를 찍으세요!'였지만 찍어 준 사람이 많지 않아서 그녀는 결국 꼴찌를 했다. 가족들은 그녀가 선거에 더 이상 신경 쓰지 않게 되었다고 안심했다.

하지만 8년이 지난 1962년 그레이스는 다시 주지사 선거에 뛰어들었다. 그 때는 시민권리 운동이 힘을 얻고 있어서 인종 간의 화합을 표방한 그레이스의 주장은 뜨거운 논쟁의 대상이 되었다. 그녀를 죽이겠다는 협박이 날아들자 가족들은 선거유세 기간 동안 그녀를 보호하고 정신적인 힘이 되어주려고 함께 움직였다. 그레이스는 투표 결과에서 또 다시 꼴찌를 했다. 하지만 그녀의 선거운동은 선의와 인종적 관용에 대한 증언이었다.

하루는 그레이스가 조지아의 루이스빌이라는 작은 도시에서 선거 유세를 하게 되었다. 그 당시 루이스빌 시민 광장의 중심부에는 법원이나 전쟁기념비가 아니라 한때 노예를 사고팔던 옛 노예시장이 있었다. 그레이스는 선거유세의 연설을 할 장소로 그 노예시장 자리를 골랐다. 그녀가 노예들이 거래되던 바로 그 자리에 서자 적개심에 가득 찬 상인들이며 농부들이 그녀가 무슨 말을 하나 보려고 모여들었.

"옛 시대는 지나갔습니다. 새로운 시대가 왔습니다. 이곳은(노예시장 자리를 가리키며) 우리가 회개해야 하는 과거의 모든 것을 말해주는 곳입니다. 새 날이 밝았습니다. 조지아의 백인과 흑인이 손을 맞잡고 함께 일할 새날이 왔습니다."

이 말은 1962년의 조지아에서는 도발적인 것이었기에 당연히 군중은 술렁거렸다. 누군가 그레이스에게 외쳤다.

"당신, 공산주의자야?"

그레이스는 연설을 하다말고 부드럽게 대꾸했다.

"아니오. 난 공산주의자가 아닙니다."

"그럼, 어디서 그런 미친 생각을 가져왔소?"

야유하던 사람이 계속 물었다. 그레이스는 잠시 생각을 하더니 근처에 있는 교회의 뾰족탑을 가리켰다.

"저기에서 얻었습니다. 주일학교에서요."

믿음 때문에 그레이스 토머스는 그날 용기 있는 증언을 했지만 주일학교에서 배운 교훈 때문에 세상에 나온 우리는 해를 입기도 한다. 그러니 그리스도인들이 때로는 믿음의 생각들을 속으로만 하고 있는 것도 당연한 것이다.

지붕에서 하는 찬양

속으로만 믿음을 간직하려는 성향에도 불구하고 그리스도인들은 믿음을 공적으로 드러내도록 부름받았고 거기에는 선한 행실뿐만 아니라 입으로 하는 증언인 말도 포함된다는 것을 그리스도인들은 알고 있다. 예수님은 제자들에게 이렇게 말씀하셨다.

"너희가 귓속말로 듣는 것을 집 위에서 전파하라"(마 10:27)

쉽게 풀어보면, 예수님은 우리가 예배를 드리며 조용히 은밀하게 나누었던 것을 가정과 직장, 생활에서 내놓고 다른 사람들에게도 말해야 한다고 말씀하시는 것이다. 우리는 예배를 드리는 교회에서 들었던 말을 통해 교회 밖에서 우리가 할 말의 단서를 얻는다.

예배의 시작을 알리는 말처럼 우리의 증언이 '하나님이 함께 계신다!'라는 선언이 되는 때가 있다. 세상에서 하나님의 존재를 상기시키는 것이다. 릴리안 다니엘(Lillian Daniel) 목사는 코네티컷 주지사 관저 밖에서 체포된 적이 있었다. 사연은 이랬다.

　주 정부가 운영하는 양로원에서 일하는 근로자들이 박봉과 처우 개선을 요구하며 파업을 벌였다. 하지만 파업은 실패로 끝났고 근로자들은 낙담한 채 직장으로 복귀할 수밖에 없었다. 그런데 그들을 기다리고 있던 것은 자신들의 해직과 그 자리를 임시 근로자들이 채우고 있는 현실이었다. 그래서 다니엘을 비롯한 몇몇 목사들은 근로자들과 함께 주지사의 관저 밖에서 항의 시위를 했다. 관저 밖에 앉아서 그들은 자신들의 신앙과 소망의 표시이자 자비하신 하나님에 대한 증언으로서 〈어메이징 그레이스(Amazing Grace)〉를 불렀다.

　경찰이 출동해서 다니엘을 비롯해 몇 사람을 체포했다. 경찰은 체포한 다니엘을 호송차에 거칠게 밀어 넣고 혼자 있게 했다. 다니엘은 "고무장갑을 낀 사람들이 내 몸을 수색하고 내 물건들을 가져갔어요. 그 와중에 지갑에 들어 있던 아이들의 사진은 잃어버리고, 그 긴 시간 동안 혼자 있게 될 줄은 몰랐어요."라고 말했다. 호송차의 조그만 창문을 통해 다니엘은 경찰관의 얼굴을 볼 수 있었다. 둘은 다음과 같은 대화를 나눴다.

　"아주 비인간적이죠, 그렇지 않습니까?" 경찰관이 물었다.

　"우리 속에 든 동물이 된 기분입니다." 다니엘이 대답했다.

　"더 나은 대우를 받게 될 겁니다."

　"고맙군요."

"제가 군대에 있던 시절에 이런 곳에 술주정꾼들과 함께 갇혀 이틀 밤을 보냈다는 이야기를 해드리면 기분이 좀 풀리실지 모르겠군요. 차라리 듣고 싶지 않으실지도 몰라요. 구역질나는 일이었거든요."

두 사람 사이에 어느덧 공감대가 형성되고, 경찰관은 삶에서 치르는 자신의 고투와 직업에서 맛보는 염증을 털어놓기 시작했다.

"그렇게 싫다면서 왜 이 분야에서 일을 하시는 거죠?"

다니엘이 목사로서 물었다.

"군대에서 제대 후 어쩌다 보니 그렇게 되었네요. 2년 있다가 은퇴할 겁니다. 전 아직 젊거든요. 그런데 제가 말씀드리고 싶은 것은……. 아까 여러분이 주청사에서 부르던 〈어메이징 그레이스〉 말이에요, 좋더군요. 여러분들이 노래를 부를 때 그 소리가 좋았어요. 그 말씀을 드리고 싶었어요."

"고마워요."

"곧 여기서 나가시게 될 겁니다."

"당신도 그렇게 되길 빕니다."

경찰관이 다니엘에게 그 일행이 노래 부르던 것이 좋더라고 말했을 때는 틀림없이 노래 소리 하나만 가지고 말한 것이 아닐 것이다. 냉혹한 상황 가운데서 들은 '놀라운 은혜'의 증언은 그에게는 한 줄기 희망이었다. 다니엘은 이 일을 나중에 돌이켜보고서 이렇게 말했다.

"믿음이 있으면 창살도 없고 쇠사슬도 없는 새로운 삶을 그릴 수 있어요. 우리의 노래와 믿음의 행동에 대해서 그 경찰관이 한 말을 듣고

갇힌 자나 소외된 자가 없는 세상을 다시 한번 그려보게 되었어요."

하원의원인 존 루이스(John Lewis)는 시민권리운동이 벌어지던 그의 젊은 시절에 그리스도인의 증언이 발휘했던 위력을 기억하고 있다. 당시 루이스는 마틴 루터 킹 목사의 조수였다. 그는 킹과 함께 셀마에서 행진을 하고 버스 유세를 다니면서 경찰들에게 무자비한 진압을 당하곤 했다. 루이스는 자신들이 그저 말없는 항의자가 아니라 기도와 설교와 찬송을 하는 사람들인 데서 힘을 얻었다고 말한다.

"그 때문에 우리가 시민권리운동의 고비에 있을 때, 십자군과 비슷하게 관련되어 있는 느낌을 받았어요. 나의 종교적 신념이나 믿음이 확장된 것이었죠. 우리는 찬송을 부르고 기도를 하곤 했는데 그것은 우리가 해야 할 옳은 일을 하고 있다는 확인이었어요."

사람들 앞에서의 믿음의 증언이 '새로운 노래로 여호와께 노래하고 만물로 여호와께 노래하라.'는 예배를 시작하는 말처럼 들릴 때가 있는가 하면, 우리의 죄를 고백하라는 요구처럼 들릴 때도 있다. 진실을 말한다는 것은 흔히 실패와 왜곡, 악과 연루된 인간성에 대한 어려운 진실을 말하는 것이다. 에미상을 수상한 뉴스 작가 매리 먼포드(Mary Munford)는 자신의 직업을 그리스도인의 증언을 위한 활동무대로 본다. 그녀는 대중에게 정확하고 신뢰할 만한 정보를 전달하는 데 사명감을 갖고 있다. 그러나 그녀의 증언은 정보 전달에서 그치지 않는다.

"언론인들은 유용한 정보를 전달함으로써 '진실을 말하는 것'과

아울러 '진실을 밝힐' 기회들도 역시 가지고 있어요. 언론인에게는 부패와 부실경영과 부정을 들춰낼 책임이 있습니다."

인간의 범죄를 들춰내는 것은, 그리스도인들이 죄를 고백하고 그 고백을 한 자로서 용서의 말을 하며 도덕적으로 책임 있는 삶을 살라는 메시지를 듣게 되는 예배를 통해서 매주 연습하는 것이다.

아우슈비츠 강제수용소 기념비에는 이런 글이 적혀 있다.

"오, 땅이여, 그들이 흘린 피를 덮지 마라."

그리스도인들에게는 공적인 고백의 요청이 사람들의 기억을 되찾아 주는 형식과 악에 의해 흘린 피를 덮어 주고 망각하기를 거부하는 형식으로 나타나기도 한다. 그것이 거의 잊혀져버린 노예들의 이야기를 복구해내려는 끊임없는 시도이든 교회 내의 성적인 학대 사건을 캐내려는 가차 없는 노력이든지, 이 망각에 대한 거부는 그리스도인이 그늘의 악을 빛으로 끌어내기 위해 진실을 밝히려는 때마다 짓밟힌 이들의 울부짖음을 들으시는 하나님에 대한 증언이 된다. 영국 성공회의 캔터배리 대주교 로완 윌리암스(Rowan Williams)는 이렇게 말했다.

"역사는 궁극적으로 학살자에 의해 좌지우지되지 않는다. 죽은 자들은 불러나올 수 있고, 과거는 알려져야 한다. 그렇게 불러내고 앎으로써 하나님을 만나는 것이다. 하나님 안에서는 우리를 위한 다른 세계, 권세에 대한 다른 이해, 바보들을 위한 목소리가 울릴 수 있다."

데스몬드 투투(Desmond Tutu) 주교는 남아프리카 공화국의 인종차별 제도 하에 행해진 학대의 진상을 밝히고 국가적인 치유와 화해를 모색하는 중대한 임무를 맡았던 〈진실과 화해 위원회〉의 핵심 인물이었다. '너희로 진리를 알게 할 것이며 그 진리가 너희를 자유하게 하리라.'는 성경의 약속에 기반을 둔 〈진실과 화해 위원회〉는 비록 비종교적인 용어로 표현되곤 했지만 남아프리카 공화국의 문화에 기독교적 방책에 대한 인상을 깊게 남겼다. 투투는 칭송도 받았지만 고백과 회개가 용서에 이른다는 그의 증언 때문에 호된 비판도 받았다. 하나님은 현존하신다. 하나님은 가난한 이들과 압제받는 이들을 기억하신다. 하나님은 치유를 하시고 용서하신다. 하나님은 전 피조물이 새롭고 소망스런 미래를 향해 나서기를 바라신다. 우리가 예배를 통해 듣는 말들은 이런 것들이며 우리가 증언으로 세상에 들려주는 말들도 이런 것들이다.

의회 도서관의 사서이자 러시아 역사를 공부하는 학생인 제임스 빌링튼(James Billington)은 모스크바에서 놀라웠던 며칠 동안의 증언을 들었다. 빌링튼은 옛 소련 정권이 새로운 사회 질서로 무너지고 있던 1991년 8월에 모스크바에 있었다. 대통령 궁을 장악한 보리스 옐친 세력과 소련의 옛 체계를 복원시키려는 세력이 팽팽한 군사적 부대와 대치를 하고 있었다.

기적처럼 성공으로 끝난 이 저항에서 중요한 역할을 담당한 주역은 '교회를 다니는 할머니들'이 보여준 용기 있는 그리스도인으로서의 증언이었다.

1991년 8월 20일 그 위기의 밤에 계엄령이 선포되어 모든 사람들에게 귀가조치가 내려졌는데도 많은 여인들이 이 명령을 무시하고 즉시 대치의 현장으로 달려갔다. 일부는 저항세력을 지원하기 위해 먹을 것을 갖다주었다. 의료 현장에서 일하는 사람들이 있는가 하면 기적을 구하는 기도를 하는 사람들도 있었다. 어떤 사람들은 놀랍게도 탱크 위로 올라가 틈새를 통해 안에 있는 군인들에게 하나님의 말씀을 가지고 이야기를 했다. 젊은 군인들은 탱크를 멈췄다. 빌링튼은 말했다.

"공격은 결코 감행되지 않았죠. 3일째 날의 새벽이 되자 모두들 대세가 바뀌었다는 걸 깨달았어요."

이 위기촉발의 며칠로 이어진 전초전에서 대통령 궁에 있던 저항세력 중 세 명이 살해되었다. 그들의 장례 행렬이 모스크바의 거리를 휘돌아 대통령 궁 앞을 지나게 되자 보리스 옐친이 그 죽은 세 젊은이들의 부모들과 이야기를 나누기 위해 직접 나타났다. 그들에게 옐친이 한 말은 너무나 의미심장한 말이었다.

"나를 용서하세요. 대통령이면서도 댁의 아드님들을 지켜주지도 구해주지도 못한 것을 용서하세요."

'나를 용서하세요.'란 말은 러시아에서 성찬을 받기 전에 관례로 하는 말이다. 모두들 젊은이들의 죽음을 슬퍼하는 자리에서 옐친은 예배의 그 낯익은 말을 하고 있었고, 권력자들이 어떤 일에서건 아무도 책임을 받아들인 적이 없던 사회에서 책임을 떠맡고 있었다.

놀랍고도 후련한 말

정치적 환경에서 공적으로 신앙을 말한다는 것은 쉽게 할 수 있는 일이 아니다. 성질에 안 맞더라도 기꺼이 하겠다는 의지와 용기가 필요하다. 이를 위해 감수해야 할 대가나 위험을 얕보아서는 안 된다. 예수님이 하나님이 존재하시고 인생의 주인이 되심과 하나님이 원하시는 삶의 방식을 말씀하시자 그 말을 들은 사람들이 일어나 예수님을 죽였다.

이와 비슷하게 그리스도인들이 세상에 나가 사람들 앞에서 사랑으로 진리를 말하면 권력을 쥔 사람들이 십중팔구 으르대서 그 중언은 무시되거나 방해를 받거나 거부되거나 욕을 먹는다. 그리스도인의 중언이 명백히 거부될 뿐만이 아니라 대신 뒤집혀서 하나님이 아닌 것을 맹목적으로 섬기도록 강요되는 때도 있다. 이런 경우가 최악의 경우일 것이다. 그런 경우엔 그리스도인의 말처럼 들리는 말들이 강요되어 쏟아져나오고 인종차별이나 탐욕, 폭정이나 극심한 국수주의가 횡행하기도 한다.

그러나 예수님이 자신이 말씀으로 거부당하고 십자가에 못 박히셨을지라도 그의 말씀은 사람들에게 생명을 가져다주었다. 예수님의 말씀을 기쁨으로 듣고 그 말씀 한 마디 한 마디에 소망을 건 사람들이 있었다. 오늘날 그리스도의 중인들도 마찬가지다. 거짓말과 유혹으로 녹초가 된 세상에 그리스도의 중언이 세상을 놀라게 해서 바로 그 진실함으로 원기를 회복시켜 놓는다.

얼마 전에, 내가 가르치고 있는 대학의 졸업식에서 대여섯 명이 명예학위를 받았다. 한 사람씩 소개된 수여자들은 명예학위인증서를 받은 후 짧게 연설을 했다.

졸업식이 진행되는 동안, 대학생들이 식 자체에 무관심하다는 것은 잘 알려진 사실이다. 우리 대학의 졸업식도 예외는 아니었다. 퓰리처상 수상 작가가 나와서 학위를 받는데도 학생들은 그의 연설 내내 잡담을 하고 낄낄거렸다. 세계적인 수학자가 나왔을 때도, 국제적으로 유명한 외교관이 나왔을 때도 상황은 마찬가지였다.

졸업식을 치르는 동안 학생들이 정숙한 때가 딱 한 번 있었다. 휴 톰슨(Hugh Thompson)이라는 사람이 나와 이야기를 할 때였다. 톰슨은 그날 연단에 선 사람들 중 학력이 가장 낮은 사람이었을 것이다. 그는 조지아의 스톤마운틴이라는 작은 마을에서 자랐는데 그의 집은 부유하지는 않았지만 가난하지도 않았다. 대학을 들어갔으나 끝내지 않은 채 육군에 지원해 헬기 조종사가 되었다.

1968년 3월 16일, 그는 베트남에서 일상적인 정찰비행을 하다가 마이 라이(My Lai) 마을 상공을 날게 되었는데, 그 마을에서는 미군이 윌리엄 캘리(William Calley) 중위의 지휘 하에 무장도 안한 마을 주민들(노인들과 여자들과 어린이들)을 죽이고 있었다. 톰슨은 미군과 남아 있는 마을 주민들 사이로 헬기를 착륙시켰다. 그는 헬기 꼬리 쪽 사수에게 총을 미군 쪽으로 조준하도록 명령하고 미군에게는 마을 주민의 학살을 중지하도록 명령했다. 그리고 다른 헬기들을 그 지역으로 오도록 불러 살아남은 마을 주민들을 실어 병원으로 호송시켰다.

휴 톰슨은 수 십 명의 목숨을 구해냈지만 그 일 때문에 그는 육군 군법 회의에 회부될 뻔 했다. 30년이 지나서야 육군은 그를 영웅으로 인정하고 그의 용기에 훈장을 수여했다.

그가 마이크 앞에 서자 보통은 떠들썩한 학생석이 조용해졌다. 조용한 군중을 향해 톰슨이 말했다.

"저에게 옳고 그름의 차이를 가르쳐주시고자 했던 어머니와 아버지께 감사를 드립니다. 우리 부모는 스톤마운틴에서 나고 자란 시골 사람들이었습니다. 하지만 부모님은 '다른 사람들이 너에게 해주기를 바라는 대로 너도 다른 사람들에게 해주어라.'고 가르치셨습니다. … 황금률이라고 불리는 단지 작은 것입니다만, 그것을 따라 살려고 하면 괜찮은 인생을 살리라 봅니다."

말은 간단했지만 학생들은 놀랬고 그의 말에 원기를 얻었다. 교활하고 이기적이고 거짓된 말을 하는 세상에서 이 말, 예수님의 말, 주일학교에서 배운 말, 예배에서 들은 말, 그리스도인의 증언의 말, 간악 행위의 현장에 헬기를 내려 옳은 일을 하게 한 말에 학생들은 깜짝 놀랐다. 모두들 일어나 그날의 유일한 기립박수를 보냈다.

휴 톰슨은 베트남에서 용기 있는 일을 했지만 사람들 앞에 서서 자신의 증언을 한 그날이야말로 더 용기 있는 일을 하지 않았나 싶다.

비밀을 아뢰고 잠자리 기도를 드리며

해가 지기 시작하면 하루 일의 열기가 가라앉고 하루를 반성하는 시간이 온다. 저녁 그늘이 밤으로 깊어지면 거리와 시장의 소음이 잦아들고 잠잘 시간이 다가오고 우리의 마음은 하루에 있었던 일들을 더듬는다. 오늘은 괜찮은 날이었나? 오늘 하루를 기쁘게 살았나? 시간은 잘 보냈나? 말과 행동에 실수는 없었나?

다가오는 밤 시간은 오늘 하루를 따져보는 시간일 뿐만 아니라 우리의 행실을 되새겨보는 시간이다. 꺼져가는 하루의 빛은 언젠가는 우리의 빛도 깜박거리다 꺼지고 우리 자신들도 저녁의 으스름으로 변할 거라는 사실을 상징한다. 시편은 말한다.

"인생은 그 날이 풀과 같으며 그 영화가 들의 꽃과 같도다 그것은 바람이 지나가면 없어지나니"(시 103:15~16)

시편 기자의 지혜와 진실이 마음에 와 닿는다. 우리는 커피를 마시며 한담을 나누고, 이웃과 전화 통화를 하고, 교실에서 수업을 가르치고, 동료와 문제를 함께 풀고, 친구와 점심을 같이 하며 웃고, 사랑을 고백하고, 자녀들을 다독거리고 훈계하며, 기도하고, 찬송하고, 불평하고, 농담을 하는 등 수많은 방식으로 말을 하며 하루를 보냈다.

빛나는 태양 아래서는 우리의 말이 끝이 없을 것처럼 보이지만 그렇지 않다. 그저 계속해서 말할 수 있을 것처럼 보이고, 오늘 어리석은 말이나 가시 돋친 말이나 바보 같은 말을 했다면 내일이면 항상 그것을 바로 잡고 더 좋게 더 똑똑하게 더 친절하게 말할 수 있을 것처럼 보인다.

밤의 조용한 반성 속에서 자신에게 솔직하기만 하면 오늘 우리가 한 모든 말이 다 지혜롭고 다 진실되고 다 친절하지는 않았다는 걸 깨닫는다. 신약 성경의 야고보 서신은 우리의 말이 크게 유익을 끼칠 수도 있지만 크게 해를 끼칠 수도 있음을 주의시킨다. 야고보 사도는 혀로 하나님께 찬양을 드리지만 동시에 하나님의 형상으로 지어진 다른 사람들을 그 혀로 해칠 수도 있다고 말한다. 혀는 크기는 작지만 다른 사람을 해칠 수 있는 독으로 가득 찰 수 있다고 말한다.(약 3:5~12)

다른 모든 사람들과 마찬가지로 나도 이 말이 진실임을 경험으로 안다. 얼마 전에 나는 딸과 함께 딸의 성장 경험에 대해 이야기를 나누고 있었다. 두 아이의 엄마인 딸은 영리하고 강인한 여자다. 딸은 자신이 부모가 된 뒤 아이들을 통해 자신이 기억하는 어린 시절의 노력, 두려움, 성취, 기쁨의 많은 경험들이 이제는 어떻게 보이는지에 대해 이야기를 들려주었다. 대화는 솔직하고 좋았다. 어떤 순간에서 딸은 십대 시절에 나랑 벌였던 말다툼을 떠올렸다. 우리가 무엇을 놓고 다퉜는지는 둘 다 까맣게 잊고 있었지만 딸은 말다툼의 한 순간을 생생하게 기억하고 있었다. 아빠와 딸은 말다툼을 벌이며 날이 선 말들을 주고받은 것이 분명했고, 좌절감에 손을 들고 만 나는 딸에게 '넌 골칫거리일뿐이구나!'라고 했다는 것이다.

어리석은 말이었다. 서로 사랑하는 사람들이더라도 말다툼을 벌이다 흥분하면 상대에게 할 수 있는 말이지만 그렇다 하더라도 어리석은 말이었다. 그리고 진실하지도 않은 말이었다. 대부분의 부모들처럼 내게도 아이들은 눈동자 같고 보물 같고 큰 기쁨을 주는 존재들이었다. 딸아이가 내게 골칫거리일 뿐이라는 말은 단순히 진심과는 거리가 먼 빈말이었다. 정말 그렇게 생각해본 적도 없고, 그렇게 말한 기억도 없다.

그러나 딸은 내가 그런 말을 했단다. 그러면서 몇 년이 지나서야 고통 없이 그 순간을 생각할 수 있게 되었다고 했다. 나에게는 화가 나서 내뱉고는 이내 잊어버린 말이었겠지만, 딸에게는 가슴에 와 박히는 독침과도 같은 말이었던 것이다.

"오, 주님. 저희가 하는 말을 헤아리도록 가르쳐주소서."

이제 밤이 되어 불꽃 심지가 잦아들면 우리는 하루를 반성하며 우리가 지혜롭게 말할 수 있도록 가르쳐주시기를 기도한다.

🔸 말할 때와 침묵할 때

그리스도인으로서 어떻게 말할 것인가를 아는 지혜로운 사람은 말할 때를 알 뿐만 아니라 침묵할 때도 안다. 나는 거듭거듭 그리스도인의 증언은 진리, 온전한 진리, 유일한 진리를 말하는 것이라고 말해왔다. 하지만 진실일지라도 말할 수 없는 때가 있다. 즉 진실한 침묵만이 진실한 증언일 때가 있다.

예를 들어 수군거리는 이야기를 생각해보자. 그런 수군거리는 뒷얘기들이 사실일 때도 있다. 건너편에 사는 여자가 바람이 났다거나 골프 친구 한 사람은 술버릇이 심각하다 등의 뒷얘기들은 사실로만 따지면 맞을 수도 있다. 게다가 막역한 친구와의 수군거림이라면 아주 만족스럽고 즐겁고 뿌리칠 수 없을 만큼 재미있는 일일 수도 있다. 결국 뒷얘기는 구미가 당기는 일이고 그 뒷얘기를 퍼뜨리다보면 드물게는 도덕적 우월감을 맛보기도 한다. 심지어는 그 뒷얘기에 고상한 동기를 부여할 수도 있다. '○○○가 걱정된다.'느니 '△△△의 행동으로 기분이 상했다.'느니 '내가 평소라면 이런 말을 안 하는데 어쩐지 당신이 알아야 할 것 같아서.'라며 상대방에게 말을 한다. 기도 모임에 참여하는 사람들마저도 함께 모여 '기도로 그들을 더 돕기 위해' 정작 그 사람들에게 해가 되는 이야기들을 나눈다.

하지만 설사 우리가 나누는 뒷얘기들이 사실이고 뒷얘기를 나누는 의도가 정당화될 수 있을지라도 그 뒷얘기들이 일반적으로 당사자들을 돕기보다는 상처를 준다는 사실에는 변함이 없다. 이미 말한 바와 같이 그리스도인의 증언은 그저 무턱대고 진실을 말하는 것이 아니다. 그리스도인의 증언은 하나님과 이웃에 대한 사랑을 키우기 위해 진실을 말하는 것이다.

누군가에 대해 민감한 사항을 이야기하려 할 때 우리는 입장을 바꿔놓고 생각해보아야 한다. 만약 누군가에 대해 이야기하려는 그 뒷얘기가 그 사람에 관한 이야기가 아니고 나에 관한 이야기라면 어떠한가? 그리고 나에 대한 그 뒷얘기를 다른 사람이 그렇게 말하려 한다면 어떠한가? 우리는 그것을 우리를 사랑해서 그런 것이라고 받아들이겠는가, 아니면 상처를 주는 일로 받아들이겠는가? 그 일이 우리를 돕는 일이 되겠는가, 아니면 배신감을 안기는 일이 되겠는가? 뒷얘기를 함으로써 하나님과 이웃에 대한 사랑이 풍성해지겠는가, 아니면 그 반대이겠는가?

뒷얘기는 비밀의 유지와 누설에 관한 훨씬 더 크고 매우 복잡한 문제에서 파생되는 하나의 문제일 뿐이다. 하버드 대학교의 윤리학자 시씨라 보크(Sissela Bok)는 윤리학의 비밀에 대한 책을 썼는데, 단지 어떤 사람이 어떤 것을 비밀로 하려 한다고 해서 이 비밀을 엄수하는 것이 반드시 좋은 것은 아니라고 타당성 있는 지적을 했다. 자녀를 학대하는 부모나 기금을 횡령하는 공무원이나 심장에 심각한 문제가 있는 비행기 조종사는 이 일이 알려지기를 바라지 않을지 모르지만 다른 사람들의 안녕이 걸린 문제라서 그 사실들은 공개되어야 한다. 사람들에게는 아주 민감한 개인적인 일마저도 비밀로 유지되는 것이 허락되지 않을 때도 있다.

반면, 어떤 비밀을 갖는 것과 그 비밀을 유지하는 것은 인간의 주체성과 안녕에 반드시 필요하다고 말한다. 오직 전체주의 정부만이 우리의 일거수일투족을 감시하면서 비밀을 허용하지 않을 것이다. 자기만의 일기를 쓰는 사람은 만약 다른 사람이 자신의 일기장을 들춰본다는 걸 알면 도저히 쓸 수 없을 그런 글을 쓰면서 자기 문제를 해결할 수 있을 것이다.

긍정적인 의미의 비밀 엄수와 개인의 주체성 간의 관계를 보크는 다음과 같이 말한다.

"비밀 엄수에 대한 통제는 공동생활을 하는 개인들에게 안전판, 즉 자기만의 경험의 세계와 다른 사람들과 공유하는 세계 사이의 거래에 영향력을 제공한다. 그런 교류를 전혀 통제할 수 없으면 인간은 자신의 삶에 대한 선택을 내릴 수 없을 것이다. 어떤 비밀들은 제한하고 어떤 비밀들은 더 풀어준다. 어떤 것들은 숨기고 어떤 것들은 알려지게 한다. 어떤 사람들에게 지식을 알려 주되 모두에게 알려주지는 않는다. 비밀들을 주고받으면서 그 이상을 추측한다. 이런 통제의 노력들은 사람들의 모든 접촉에 스며들어가 있다. 이런 관계에 대한 모든 통제력을 잃은 사람은 자신만의 세계이든 공유하는 세계이든 그 안에서 번창할 수 없고 건전함을 유지할 수도 없다."

그리스도인들은 이 기본적인 생각에 동의할 것이다. 사람들은 어떤 것들은 비밀로 유지하고, 어떤 것들은 비밀로 할 필요를 못 느낀다. 그와 마찬가지로 어떤 진실은 공개적으로 알려져야 하고 어떤 것들은 은밀하게 유지되어야 한다. 하지만 그리스도인들은 거기에 중요한 것 하나를 추가해야 할 것이다. 다시 말하면 비밀들은 일시적인 것들이되 유일한 진실만이 결국은 지속된다는 것이다. 비밀 유지는 좋은 일일지 모르지만 단기적일 안목일 뿐이다. 긴 관점에서 보면 그리고 만물의 종국에 가게 되면 진리가 밝혀질 것이다. 거의 모든 비밀 유지는 그것이 가장 불가피한 비밀일지라도 그 비밀이 밝혀지면 손해를 입을 거라는 두려움과 연결되어 있다. 그리스도인들은 완전한 사랑이 마침내는 모든 두려움을 몰아낼 때를 기다린다. 그러므로 그리스도인들은 비밀을 자신들이 문에 채운 자물쇠나 경찰관의 허리에 걸린 총처럼 간주한다. 즉 사람의 죄와 부패 때문에 일시적으로는 필요하지만 종국에 가서는 폐기될 예정인 방책인 것이다.

그리스도인들이 오랜 동안 사용해온 기도문 중에는 이런 기도문이 있다.

"전능하신 하나님, 하나님은 모든 이의 마음을 보시고 모든 이의 생각을 아시며 하나님께는 숨길 수 있는 비밀이 없나이다. 우리 마음의 생각들을 성령의 감화로 씻어주셔서 저희가 하나님을 완전히 사랑할 수 있게 하시고 당신의 거룩한 이름을 합당하게 찬양하게 하옵소서."

'하나님께는 숨길 수 있는 비밀이 없나이다.'라는 구절을 특별히 주목하자. 오싹하고 두렵기조차 한 모든 비밀을 아시는 하나님, 열쇠구멍으로 들여다보시고 우리의 우편물을 읽으시는 하나님, 무자비할 정도로 자세히 조사하셔서 우리가 언제 자고 언제 깼는지 우리가 착한지 악한지를 아시는 하나님이 상상되지 않는가? 하지만 우리 그리스도인들은 이 기도를 두려워하면서 드리지는 않는다. 확신과 소망을 가지고 한다. 우리를 예수 그리스도 안에서 받으신 하나님은 '긍휼이 많으시고 은혜로우시며 노하기를 더디 하시고 인자하심이 풍부'(시 103:8)하시기 때문이다. 이런 하나님과의 관계에서 진실은 결국 우리를 해하지 않을 것이다. 진실로 우리는 우리가 믿는 이 하나님이 우리를 완전히 아시기를 소망한다. '진리가 너희를 자유롭게 하리라'(요 8:32)이니 결국에는 두려워할 까닭이 전혀 없고 비밀로 할 아무 이유가 없다.

　그렇게 진실이 종국에 가서는 우리를 해치는 것이 아니라 실제로 우리를 자유롭게 한다면 우리는 도대체 왜 비밀을 간직하는 것일까? 할 수 있는 대로 많은 비밀의 휘장을 그냥 젖혀버리면 되지 않겠는가? 진실이라면 어떤 형태이든지, 그것이 뒷얘기나 배신의 비밀일지라도 다 좋은 것이지 않겠는가? 이에 대해 시실라 보크는 사람들이 비밀을 갖는 무엇보다도 큰 이유가 신령한 것이나 친밀한 것, 연약한 것을 보호하기 위해서라고 말한다. 그리고 위험하거나 금기시되는 것 둘레로 경계선을 치기 위해서라고 설명한다.

이 말을 하나씩 살펴보자. 우선 신령한 것부터 보자. 어떤 사람이 강력한 종교적인 체험, 그것이 아이의 출생이든 어느 순간의 갑작스런 깨달음이든 밤에 본 환상과 관련된 것이든 성스러운 신비를 체험했다면 그것에 대해 이야기할 것이 있는 것이다. 그러나 최소한 당분간은 말로 표현할 수 없는 것도 있다. 이 사람이 그 체험에 대해 전혀 말을 할 수 없다면 그 체험은 곧 잊혀지게 될 것이다. 체험한 그 자신마저도 잊을 수 있다. 반면에, 하나님의 신비와 만난 체험에는 모두 표현해낼 수 없는 깊은 것도 있다. 이른바 심오한 종교적 체험을 그 즉시 풍부한 표현으로 말할 수 있는 사람, 화요일에 회심하고 그것을 목요일에 책으로 쓸 수 있는 사람은 진실로 그 경험의 참된 깊이에 대해 의심을 불러일으킨다. 우리는 우리와 함께 계시는 하나님을 마침내는 완전하고 풍부한 표현으로 찬양하게 될 것이라고 약속받았다. 그러나 당장 현실의 하나님과의 만남은 너무나 오묘해서 즉시 언어로 표현할 수 없는 부분이 있다. 만일 그것이 진실로 신령한 경험이라면 그 경험의 어떤 부분은 당분간은 비밀로 남겨놓아야 한다.

친밀한 것에도 유사점이 있다. 연인들은 서로 상대가 자신을 알아주길 원한다. 하지만 서로가 친밀해지기까지는 시간이 걸린다. 보여주는 것이 너무 없어도 친밀해지기 어렵지만 너무나 빨리 너무나 많은 것을 보여주면 상대에게 빠져버리거나 상대에게 휘둘릴 수도 있다. 그래서 연인들은 보여주고 숨기는 줄다리기를 시작한다. 상대가 알아주길 바라지만 동시에 숨겨가며, 사랑하고 사랑받기를 바라는 자신을 보호하면서 줄다리기를 시작한다.

진실에 들어 있는 부서지기 쉬운 면을 고려하다 보면 진실은 우리가 감당할 수 있는 것보다 더 큰 힘을 요구할 때가 있다. 수술하려고 보니 암이 온몸에 퍼져 있더라는 말을 환자에게 해야 하는 의사는 당연히 그 사실을 당분간 숨기고 환자가 그 끔찍한 소식을 들을 수 있을 만한 육체적·정서적 힘을 회복하기를 기다릴 것이다.

그러니 진실에는 위험하거나 금지된 지식이 들어 있다. 핵폭탄을 만드는 방법에 대한 정보나 가정폭력을 당하는 여자들이 피신해 안전하게 있을 수 있는 시설의 주소를 인터넷에 올린다면 진실을 알린 것일 수는 있지만 지혜로운 사람이라면 그런 사실은 비밀에 부칠 것이다.

그리스도인들은 '그 앞에서는 어떤 비밀도 숨길 수 없는' 하나님께 나아와 경배를 하며 종국에는 진실이 두려움 없이 완전히 깨달아질 것을 안다. 그러나 이 부서진 세상에서 '에덴의 동쪽'을 향해 가면서 우리는 우리가 말을 할 때와 그 조건에 대해 도덕적인 선택을 해야 한다. 어쩔 때는 비밀을 드러내서 말하고 어쩔 때는 비밀로 간직해야 한다. 애매한 것들도 있을 것이고 선택이 어려울 때도 있을 것이다. 하지만 목표는 분명하다. *우리의 증언은 항상 하나님과 이웃에 대한 사랑을 키우는 것이다.*

젖먹이의 입에서

어둠이 내려앉고 밤이 찾아오면 우리는 우리가 가고 난 후 그 뒤를 이을 세대를 생각하기 시작한다. 우리는 특히 우리 자식들이 우리와 신앙을 공유하고 자신들의 증언을 할 수 있을 것인지 궁금해 한다.

나타니엘 볼프(Nathaniel Volf)는 24개월도 안 되어서 아버지에게 사람이 물을 수 있는 가장 큰 질문을 했다.

"아빠, '하나님'이 무슨 말이에요?"

나타니엘의 아버지 미로슬라프 볼프(Miroslav Volf)는 국제적으로 알아주는 신학자였지만 그게 아들의 질문에는 도움이 되지 않았다. 그는 허를 찔렸다고 말했다. 하지만 재빨리 정신을 가다듬어 나타니엘에게 하늘과 바다와 땅과 새들과 물고기들과 그 밖의 모든 동물들을 만드신 하나님에 대해 최선을 다해 이야기를 했다.

그렇지만 미로슬라프는 자신의 대답이 만족스럽지 않았다.

"난 아이에게 이해할 수 없는 말을 하고 있다고 느껴져 신학자로서 부끄러웠습니다."

한 친구에게 이 좌절감을 이야기하자 그 친구는 그런 문제에서는 아이에게 말한 내용보다는 아이에게 어떤 행동을 하느냐가 중요하다고 안심시켜주었다. 그는 친구의 조언을 생각해보고 결국 친구의 말이 부분적으로만 옳다고 여겼다. 우리가 한 일이 중요하다는 데는 동의했지만 말도 역시 중요하다는 생각이었다.

미로슬라프가 그런 결론을 내리게 된 것은 자신의 삶에서 신앙이 전수되는 데에 말이 어떻게 작용했는지를 알고 있기 때문이었다. 그의 부친은 가톨릭교도인 아버지와 침례교 신자인 어머니 사이에서 유럽에서 태어났는데 십대 무렵에 신앙을 버렸다. 제2차 세계대전 동안에 그의 부친은 전쟁 포로가 되어 수용소에 있었는데 수용소의 공포는 신앙의 상실을 부채질하기만 했다. 만약 하나님이 살아 계셔서 그런 고통을 허락하셨다면 그런 하나님은 저주를 하고 침을 뱉어줘야 했다고 생각했다.

그러다가 부친은 수용소에 있던 다른 포로를 알게 되었는데, 그 포로도 다른 포로들과 마찬가지로 굶주리고 날마다 치욕스럽고 잔인한 노동을 견디고 있었다. 그러나 그의 눈은 생기로 가득했고, 그의 손은 다른 포로들을 돕는 것을 마다하지 않았고, 그의 말은 예수 그리스도에 대한 믿음과 지옥 같은 수용소에서도 그 사랑을 강력하게 보여주시는 하나님에 대한 믿음으로 가득했다. 점차 아버지는 이 이상한 사람을 신뢰하기 시작했다. 그 이후 죽을 때까지 미로슬라프 부친의 신앙은 강해지고 흔들리지 않았다.

그렇지만 미로슬라프 자신은 하나님께 반항하는 시기를 거쳤다. 한때 불가지론자였던 부친의 신앙은 흔들림 없는데 이제는 아들인 미로슬라프가 신앙에 등을 돌렸다. 하지만 부친의 신앙이 말씀으로 새롭게 되었듯이 미로슬라프의 신앙도 역시 그랬다.

"다시 믿음을 되찾은 것은 독실한 어머니의 기도 덕분이었어요. 매일 저녁 방탕한 아들이 밖으로 나가면 그 아들이 돌아오기를 무릎을 꿇고 기도를 하며 기다리셨죠."

이제 미로슬라프 역시 자신의 아들 나타니엘이 예수 그리스도를 깊이 끝까지 믿고 가는 믿음의 길을 찾게 되도록 기도한다.

"그 아이가 기독교 신앙으로 살고 그것을 위해 죽을 수 있는 신앙으로 받아들였으면 합니다."

어떻게 그렇게 될 수 있을까? 미로슬라프는 안다. 행동이 중요하다. 즉 믿음을 가진 사람으로서 어떻게 행동하느냐가 아들에게 깊이 영향을 줄 것이다. 그렇지만 미로슬라프는 부친이 포로수용소에서 만난 그 남자와 어머니의 기도들 또한 기억한다. 그래서 말도 역시 중요하다는 것을 안다.

"하나님에 대한 올바른 말이 중요합니다."

하지만 결국에는 부모들의 그 모든 말과 행동이 하나님의 은혜에 의해서만 뿌리를 내릴 것이다. 미로슬라프는 이렇게 말했다.

"말과 행동에 의해 뿌려진 씨가 자라서 열매를 맺게 되려면 생명을 주는 하나님의 성령의 물이 필요합니다."

미로슬라프의 이야기에서 위로의 교훈 두 가지를 끌어낼 수 있다. 첫째는 새롭게 된 신학자조차도 자녀들에게 신앙을 이야기하기가 어렵다는 것이다. 아이들은 하나님에 대해 대답하기 어려운, 때로는 불가능한 질문을 한다. 아이들에게 나누어줄 지혜가 있다고 생각할 때조차도 올바른 말을 찾기가 힘들다. 두 번째 위로의 교훈은 그럴지라도 우리의 믿음의 말이 중요하다는 것이다. 불확실한 지식에서 나오는 말조차도, 믿음에 대해 더듬거리며 하는 말조차도 믿음이 우리 아이들 안에 자리 잡도록 돕는다.

브래드 위거(Brad Wigger)는 신앙을 가족들에게 전달하고 가르칠 수 있는 방법을 생각하고 연구하는 데에 많은 노력을 기울인 기독교 교육자다. 하지만 그도 목회자를 포함한 모든 부모들이 자녀들에게 신앙에 대해 이야기를 할 때는 살얼음을 딛는 것 같은 기분이라고 했다.

위거는 자신이 쓴 책 《집에 함께 계시는 하나님의 힘(The Power of God at Home)》에서 수년 전 아들 데이비드와 나누었던 놀라운 일을 들려준다. 위거 가족이 새 아파트로 이사를 한 직후 브래드가 당시 3살이던 아들 데이비드를 재울 때였다. 데이비드가 잠자리 기도를 드렸다. 거의 평소대로 친구, 가족, 애완동물, 인형을 위해 기도를 하던 아이가 뜻밖의 말로 기도를 마쳤다.

"그리고 하나님, 하나님이 보고 싶어요."

브래드는 어이가 없어 입이 벌어졌다. 하나님이 보고 싶다니? 이게 무슨 말이지? 왜 내 아들이 하나님이 보고 싶다는 거지? 그런 상황에 처한 부모들이 대부분 그랬을 것처럼 브래드도 어떻게 해야 할지, 무슨 말을 해야 할지 알 수가 없었다. 아들에게 하나님은 여전히 우리와 같이 계신다고 말해주고 싶었다. 아니면 적어도 마음을 달래주는 이야기라도 해주고 싶었지만 그러는 것이 도움이 될지도 알 수 없었다. 그래서 자리에 누운 아들의 이불을 아무 말 없이 덮어준 후 나와서 아내에게 아들의 기도에 대해 이야기를 했다. 두 사람은 하나님이 그립다는 아들의 말이 은근히 염려스러웠다.

다음 날 아침을 먹으면서 브래드는 그 문제를 아들에게 아주 조심스럽게 꺼냈다.

"데이비드, 어젯밤에 기도할 때 네가 하나님이 보고 싶다고 한 거 있잖아."

"아, 그거요? 이젠 괜찮아요."

"그게 무슨 말이니?"

"응, 하나님이 어젯밤에 나한테 오셨거든요."

"데이비드, 꿈속에 나타나시는 것처럼 말이니?"

"모르겠어요. 그런 것 같아요. 어쨌든 내가 옛날 집 뒤뜰에 있는 모래상자에서 놀고 있는데 하나님이 오셔서 '가자, 데이비드.' 그러셨어요. 그래서 하나님을 따라왔는데 여기로 오셨어요. 그러니 이제 하나님도 이 집에 우리랑 함께 계시는 거예요!"

여기서 다시 우리는 그저 무슨 말을 해야 할지 안다거나 신앙에 대한 지식을 모두 갖추는 것이 중요한 것이 아니라 하나님에 대한 대화가 이루어질 수 있는 가정환경을 조성해주는 것이 중요함을 깨닫는다. 하나님에 대한 대화가 친구나 TV 프로그램에 대해서 이야기를 하는 것처럼 기대가 되고 자연스럽다면 아이들은 하나님에 대해 묻게 될 것이고, 하나님에 대한 생각들을 말할 것이고, 일상의 생활 속에 함께 계시는 그 하나님을 신뢰하게 될 것이다.

어느 도시의 한 교회에서 어린 소녀를 만난 적이 있었는데, 그 소녀는 하나님에 대한 이야기가 일상의 대화 속에서 이루어지는 가정에서 자란 티가 뚜렷했고 그것이 소녀의 나이답지 않게 성숙한 신앙에 고스란히 드러나 있었다. 소녀는 내 앞에서 한 마디 말을 했을 뿐이었지만 그 말은 내가 들어본 가장 깊은 신학적 통찰력이 밴 말들 중 하나였다.

한 종교 잡지에 짧은 글을 발표했는데, 그 글에서 나는 어린이들이 매주 아기 보는 사람에게 맡겨지거나 따로 마련된 어린이 예배로 보내지기 보다는 정규 예배에 참석해야 한다는 의견을 피력했다. 거기에 덧붙여서 예배에 참석한 어린이들을 고려하여 참으로 여러 세대를 아우르는 예배가 되도록 변화가 있어야 한다고 주장했다.

잡지에 글이 나온 지 얼마 안 되어 전화를 받았다. 자신을 어떤 교회의 기독교 교육자라고 밝힌 그 사람은 내 글에 대해 칭찬을 했다.

"고맙습니다." 칭찬에 기분이 좋아 대답했다.

"그런데 한 가지가 걸립니다. 실제로 이렇게 하면 어떤 모습일지 저희가 아직 확신이 안 서는군요. 그래서 저희 교회에 직접 오셔서 어떻게 하는 것인지 보여주셨으면 합니다."

"아, 그러시군요. 그런데 저는 단지 글을 썼을 뿐이라서."라는 변명을 했다. 이마에서 땀이 났다.

"압니다. 그래도 저희는 직접 오셔서 실제로 어떻게 하는지 가르쳐 주셨으면 합니다."

나는 그 교회를 방문했고 이론으로 썼던 일종의 세대를 아우르는 예배를 실제로 드릴 수 있도록 최선을 다했다. 그 기독교 교육자의 도움을 받아서 주일 오후 예배를 드릴 계획을 세웠다. 각 가족들은 밀가루, 물, 이스트를 놓아둔 테이블에 앉게 될 것이고, 어른들이 아이들과 함께 빵 반죽을 만들 것이고, 그 빵 반죽을 주무르는 동안 신앙에 대해 서로 이야기를 할 것이었다. 그런 후 반죽은 가까운 부엌으로 옮겨져 구워지고, 빵 구워지는 냄새가 교회 안에 퍼지는 동안 나는 적절한 설교를 하고 이어서 구워진 빵으로 성찬을 할 것이었다. 계획은 근사했다.

그날 주일, 이른 아침부터 장대비가 쏟아졌다. 오후에 예배를 드리기 위해 교회에 나타난 아이들은, 오기 전까지 집안에만 갇혀 있었기에 기분이 썩 좋은 편이 아니었다. 가족들은 분위기가 가라앉아 있었고, 아이들은 제멋대로여서 반죽을 만드는 동안 통제가 안 될 지경이었다. 말썽을 일으킨 아이들이 울고, 의자들이 넘어지고, 지친 부모들은 점점 퉁명스러워지고, 일부 큰 아이들은 젖은 반죽덩어리를 던져댔다. 실내는 밀가루 먼지로 온통 뿌옇게 보였다. 그런 야단법석이 따로 없었다.

그런데 부엌에서도 말썽이 있었다. 오븐이 좋지 않아 빵 굽는 데 시간이 무한정 걸렸다. 나는 이런 말 저런 말을 덧붙여 설교를 늘여야 했고, 그렇게 시간이 흘러 어설픈 지도로 시도된 모험이 막바지에 이르렀다. 실내는 그야말로 시장바닥이었다. 부모들은 소리를 치고 아기들은 울어대고 아이들은 비명을 질러대는 상황이었다. 마지막 순서로 나는 이 소란 속에서 두 손을 치켜들고 축복기도를 하기 시작했다.

"그리스도의 평강이 여러분 모두에게 함께 하소서."

이 북새통에 '평강'이란 말이 역설적으로 들릴 수도 있었지만 나는 너무나 지치고 정신이 없어 더 적당한 말을 생각할 수도 없었다. 그저 그렇게 기도를 드렸다.

그러자 기적이 일어났다. 축도의 말이 떨어지자마자 한 아이의 음성이 울렸다.

"이미 함께 하셨어요."

그 아이의 말은 그게 다였다. '이미 함께 하셨어요.' 하지만 그 말의 위력은 나를 전율하게 만들었다. 조직 신학자가 하나님의 통치를 예정된 현실로 말할 수는 있다. 모든 피조물이 마침내는 보게 될 하나님의 최후의 승리를 신자들이 지금이라도 어떻게 맛볼 수 있는지 이야기할 수는 있다. 하지만 그 작은 여자아이의 말은 더 훌륭한 말이었다. 야단법석이 따로 없는 방안에서, 아니 어쩌면 야단법석인 세상 한 가운데서 아이는 그리스도의 평강을 이미 알고 있었다. 그래서 아이는 그렇게 말했던 것이다.

⊙ 음성은 진실을 드러낸다

하루의 끝에서 조용히 정직하게 반성을 하면서 우리는 우리가 죄인임을 깨닫는다. 오늘 우리가 한 말이 모두 다 선했거나 깨끗했거나 친절했거나 신실하지는 않았다는 걸 느낀다. 인간이기에 우리의 말은 깨어지고 얼룩투성이다. 우리는 온전한 진실을 말하지도 않았고 말을 항상 은혜롭게 한 것도 아니며 항상 하나님과 이웃에 대한 사랑을 쌓은 것도 아니다. 예수님은 말씀하셨다.

"내가 너희에게 이르노니 사람이 무슨 무익한 말을 하든지 심판 날에 이에 대하여 심문을 받으리니 네 말로 의롭다 함을 받고 네 말로 정죄함을 받으리라"(마 12: 36~37)

너무 무거워 견딜 수 없는 가르침이다.

"수고하고 무거운 짐 진 자들아 다 내게로 오라 내가 너희를 쉬게 하리라 나는 마음이 온유하고 겸손하니 나의 멍에를 메고 내게 배우라 그리하면 너희 마음이 쉼을 얻으리니 이는 내 멍에는 쉽고 내 짐은 가벼움이라 하시니라"(마 11:28~30)

이 말씀이 없으면 우리는 아무도 견뎌낼 수 없을 것이다.

우리의 말은 중요하다. 말이라는 중요한 통로를 통해 우리의 믿음이 세상으로 나간다. 사람들은 우리의 말로써 우리를 알고, 하나님은 우리가 사랑으로 이야기할 진실의 말을 주신다. 우리가 누구고 우리가 무엇을 믿는지를 세상에 증언할 말도 주신다. 그러나 우리의 말은 진리의 '말씀'으로 거두어들여지고, 우리의 삶은 참된 '생명'으로 거두어들여지고, 우리의 증언은 참된 '증인'이신 예수 그리스도께로 거두어들여진다. 그러므로 우리의 말과 우리의 삶은 자비와 용서의 품안에 있다. 이 은혜로 인해 우리는 경솔한 말을 하지 않는다. 도리어 밤에 회개와 고백의 기도를 드리며 다음 날 용서와 소망의 자녀들이 되어 말을 한다. 그럴 때 우리의 말은 예수님이 우리에게 지우신 짐이요 멍에지만 예수님의 자비로 인해 가벼운 짐이 되고 쉬운 멍에가 된다.

축도

하루의 일을 쉬고 잠잘 준비를 하는 밤에 우리에게 뉴먼 추기경(Cardinal Newman)의 그 유명한 기도만큼 더 좋은 것이 없으리라.

> 오, 주님, 이 힘든 삶의 긴 낮이 다하고
> 그림자 길게 드리운 저녁이 오기까지
> 우리를 붙들어주소서.
> 바쁘던 세상이 고요해지면
> 삶의 열기는 식고 우리의 일은 끝이 납니다.
> 그 때 당신의 자비로 저희에게 안식처를 주셔서
> 거룩한 안식과 평안을 마침내 누리게 하소서. 아멘

이 기도는 하나님이 하루 내내, 우리 삶의 모든 날들 동안 우리와 함께 계셨다고 고백한다. 그리고 밤에, 세상의 끝날에 우리에게 안정과 평강을 주시기를 하나님께 기도한다. 증언의 관점에서 우리는 이 기도를 이렇게 생각할 수 있겠다. 하루 내내 우리의 말과 이야기 속에 계셨던 그 하나님께서 여정의 마지막에 우리에게 축복의 말씀을 하실 것이다. '잘 하였다. 착하고 충성된 종아.'라고.

우리도 이 거룩한 축복에 동참하는 말을 다른 사람에게 하는 때가 있다. 친구인 토머스 린치(Thomas Lynch)는 시인이자 수필가이며 장의사다. 그의 문학적 재능은 타고 난 것이었지만 장의사로서의 기술은 자신 이전에 장의사였던 부친에게서 배운 것이었다. 토머스가 부친에 대해서 가장 감동을 받았던 일들 중 하나는 죽은 사람을 매장하려고 준비하면서 부친이 죽은 이에게 건네는 말이었다. 부친은 관 뚜껑을 덮기 전에 마지막으로 시신을 들여다보며 '여보게, 친구 노먼, 잘 했네.'와 같은 말을 했다. 자신의 아내가 죽자 부친은 관을 닫은 후 깊은 슬픔의 한숨을 내쉬며 말했다.

"여보, 로지, 당신 없이 어찌 살지 모르겠소."

부친이 돌아가셨을 때, 토머스와 형제들은 부친의 관을 닫으며 말했다.

"아버지는 최고셨어요."

여기에 '우리는 모두 자비와 은혜와 섭리의 품 안에 있다. 그러니 자거라. 확신과 신뢰 속에 자거라.'라는 증언이 있는 것이다.

| 마치는 말 |

한 선생에게 나아와 하나님에 대해 끝없는 질문을 하는 제자들이 있었다. 선생은 하나님은 알 수 없는 분이기에 하나님에 대해 자신들이 하는 말은 어떤 것이든 말일뿐이라고 했다. 그러자 한 제자가 물었다.

"그러면 선생님께서는 왜 항상 하나님을 이야기하십니까?"

선생이 대답했다.

"새가 왜 노래하느냐? 새는 할 말이 있어서가 아니라 부를 노래가 있어서 노래하는 것이다."

-앤 라모트(Anne Lamott), 《효과를 내는 가르침(Operating Instructions)》

십여 년 전에 한 만찬 파티에 참석한 적이 있었는데 손님 중에는 옛 소련에서 온 교회 지도자 한 사람이 끼어 있었다. 그 때는 소련이 무너진 지 몇 년 안 된, 동유럽 나라들에 민주화 개혁이 불기 시작한 때였다.

사람들은 소련 정권 하의 교회 생활이 어땠는지를 물었다. 그는 누리게 된 자유가 익숙지 않은 듯 보였지만 솔직한 답변으로 옛 소련에 울려 퍼졌던 믿음과 그리스도인들의 용기 있는 모습들을 이야기해주었다. 또한 통제 사회에서 감시받고 의심받던 공포의 세월에 대해서도 들려주었다.

"KGB가 보낸 것 같은 첩보원들이 교회에 잠입했어요. 교회 모임에 나가보면 참석한 목사 중의 일부는 실제로는 목회자로 가장한 첩보원이라는 걸 알 수 있었어요. 그 사람들은 우리가 하는 말을 듣고 모두 보고를 했지요."

"목회자로 가장한 스파이라고요?" 참석자 중 한 사람이 말했다.

"그래요. 하지만 우리는 누가 그런 사람들인지 알았어요."

"누가 그런 사람들인지 알았다고요? 그 사람들은 비밀 첩보원이 아니었나요?"

"그래요, 비밀 첩보원이었죠. 하지만 우리는 구별할 수 있었어요. 그들의 음성을 들어보면 스파이라는 걸 알려주는 것이 있었거든요."

음성에 뭔가 있다니. 그 이후로 나는 그가 한 말을 여러 번 생각해보았다. 그리고 그가 관찰해낸 진실이 무엇인지 깨닫게 되었다. 사람들의 음성에는 자신들이 진짜 누구라는 걸 알려주는 것이 들어 있다. 거짓말 탐지기가 가려낼 수 있는 것 그 이상의 뭔가가 들어 있다는 뜻이다. 내 말은 예수님이 당신은 선한 목자라고 하시면서 당신의 양은 당신의 음성을 안다(요 10:4, 11)고 하셨을 때 예수님이 말씀하신 그것이란 의미다. 음성에는 그 사람의 실체가 드러나고 그 사람이 말하는 것과 그 사람이 그것을 어떻게 말하는지가 드러난다. 바로 그 음성이 진실을 드러내는 것이다.

우리 그리스도인들이 해가 뜨면서부터 하루를 접기까지 세상에서 어떻게 말을 해야 하는지를 생각해보려 했던 이 책을 마무리하면서 세상은 과연 우리의 음성으로 우리를 알아볼지 궁금해진다. 나는 스파이와 비밀 첩보원이 통제하고 공포를 조성하기 위해 사회에 잠입할 수 있다면 우리 그리스도인들도 믿음과 은혜와 소망을 위해 세상에 침투할 수 있기를 기도한다. 우리가 그렇게 하면 세상은 "우리는 그 사람들이 누구인지 구별해낼 수 있어요. 그 사람들 음성을 들어보면 알아요. 그 음성에는 그 사람들의 정체를 알려주는 것이 있거든요."라고 할 것이다.

크리스천으로
당당하게 살아가기
하나님이 사랑하는 증언자의 삶

초판 1쇄 인쇄 2007년 8월 30일
초판 1쇄 발행 2007년 9월 1일

지은이 토머스 G. 롱
옮긴이 이정아

펴낸이 김승기
기획 박지용
책임편집 장현화
마케팅 백승욱, 최윤석, 백수정
디자인 김진디자인

펴낸곳 도서출판 일용할양식
출판등록 2006년 12월 14일(제406-2006-00083호)
주소 경기도 파주시 교하읍 문발리 507-12 출판문화정보산업단지
대표전화 031)955-0761 | **팩스** 031)955-0768

ISBN 978-89-959092-1-8　03230